MANUEL

RÉPUBLICAIN

PAR

JULES BARNI

PARIS

LIBRAIRIE GERMER BAILLIÈRE

RUE DE L'ÉCOLE-DE-MÉDECINE, 17

1872

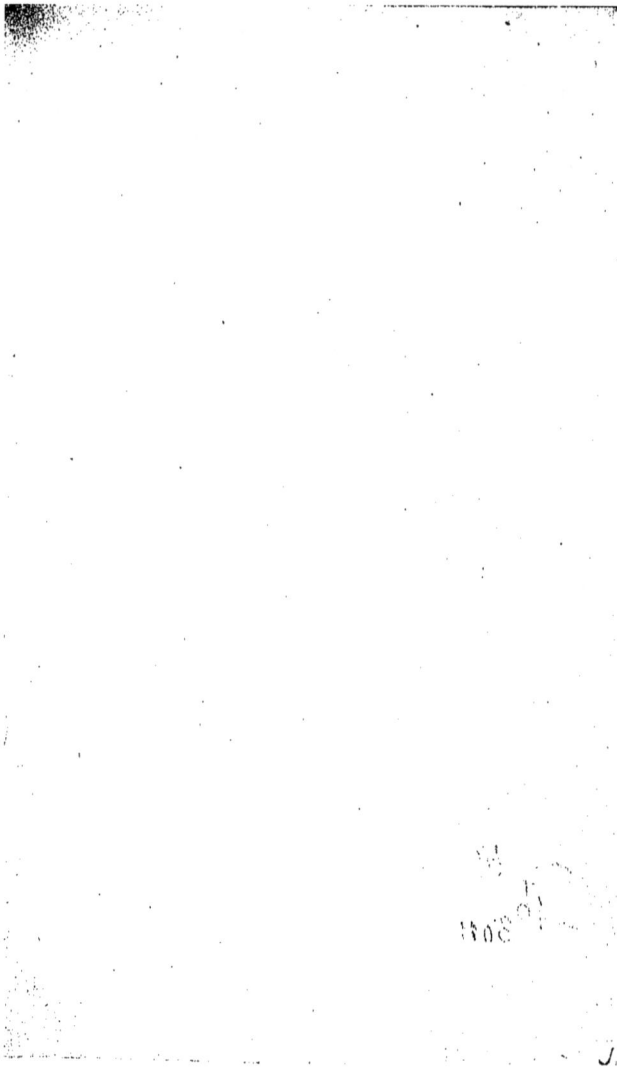

MANUEL

RÉPUBLICAIN

MANUEL

RÉPUBLICAIN

PAR

JULES BARNI

PARIS

LIBRAIRIE GERMER BAILLIÈRE

RUE DE L'ÉCOLE-DE-MÉDECINE, 17

1872

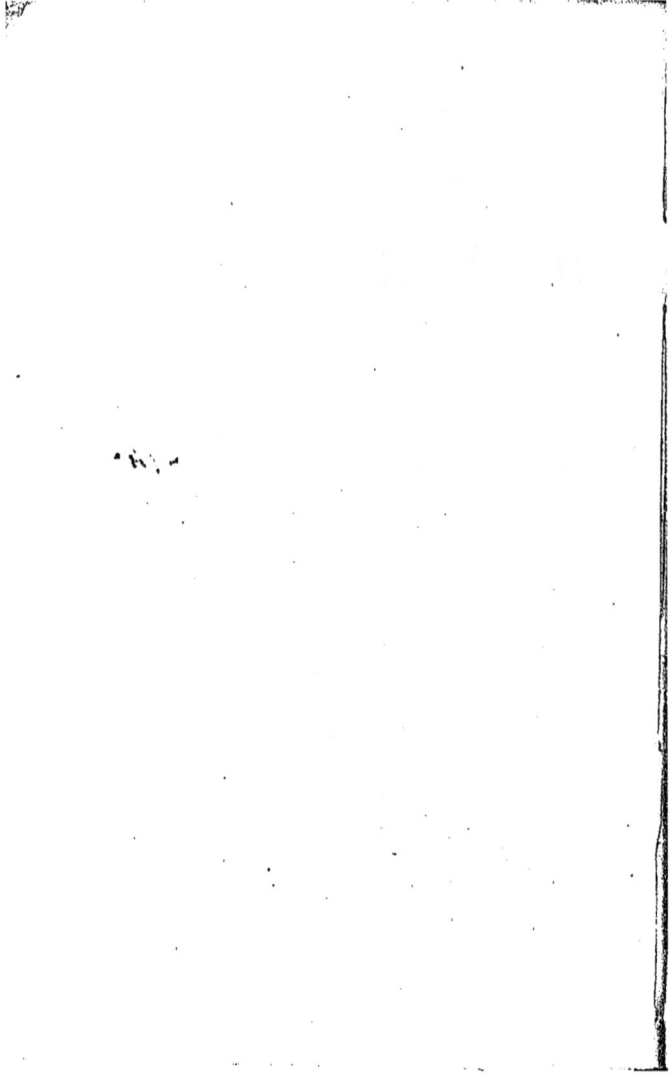

AVANT-PROPOS

Chargé par M. Gambetta, dès son arrivée à
Tours, de rédiger, à la place du *Moniteur des
communes*, enfermé dans Paris, un *Bulletin de la
République*, destiné à éclairer les populations des
campagnes, comme des villes, non seulement
sur les actes du gouvernement de la défense nationale, mais aussi sur les institutions républicaines, qui seules peuvent relever la France,
j'insérai dans chaque numéro, sous le titre de
Manuel républicain, un court chapitre où je
m'efforçais de mettre à la portée de toutes les
intelligences les notions fondamentales qui constituent l'esprit même de la république.

Ce sont ces pages, écrites jour par jour au
milieu des angoisses de la guerre, mais aussi

avec tout le calme d'une raison réfléchie, que
je recueille dans ce volume, après avoir complété
le travail qu'elles avaient laissé inachevé, mais
sans y rien changer d'ailleurs.

J'espère qu'elles ne paraîtront pas inutiles
aujourd'hui. La république, rétablie par la révolution du 4 septembre, a été malheureusement
remise en question; nous n'avons pas seulement
à la fonder, nous avons encore à la défendre
contre les intrigues monarchiques, et nous n'en
avons pu jusqu'ici conserver que la forme. Mais
cette forme même ne serait pas durable, si ce
que j'appelais tout à l'heure l'esprit de la république ne la vivifiait pas. Or c'est précisément
cet esprit que je me suis proposé de faire ressortir et de répandre en exposant successivement
les principes, les institutions, les mœurs de la
république. Ce petit livre n'a d'autre prétention
que de concourir à la diffusion des idées républicaines; s'il atteint son but, je me flatte qu'il
aura rendu un grand service à notre chère et
malheureuse patrie.

Tous les despotismes qui ont pesé sur ce pays,
particulièrement le bonapartisme, qui l'a poussé
à l'abîme, ont travaillé à pervertir les esprits et

à dégrader des caractères. Il s'agit de remettre
de la clarté dans nos idées et de la dignité dans
nos mœurs. Ce sont là les premières conditions
de notre régénération. Puisse ce livre aider à
cette œuvre de salut !

Jules BARNI.

Paris, 16 décembre 1871.

MANUEL RÉPUBLICAIN

PREMIÈRE PARTIE

LES PRINCIPES RÉPUBLICAINS

I

QU'EST-CE QUE LA RÉPUBLIQUE ?

République signifie *chose publique*, la chose de tous. La chose publique, c'est-à-dire tout ce qui intéresse à la fois tous les membres d'une société constituée en État : par exemple, l'intégrité du sol national, l'indépendance et l'honneur de la patrie, les droits des citoyens, etc., cette chose de tous doit être l'œuvre de tous : tous y doivent participer par le suffrage, par l'impôt, par le service militaire.

JULES BARNI.   1

Aussi a-t-on dit justement que la république était le gouvernement de tous par tous.

Dans ce système, il n'y a plus un *maître*, roi ou empereur, et des *sujets*, mais des *citoyens* également soumis à la loi commune qu'ils se sont donnée à eux-mêmes dans l'intérêt de tous. Le gouvernement n'est plus au-dessus ou en dehors de la nation ; il se confond avec la nation elle-même.

Telle est la république.

L'admirable devise de nos pères : *Liberté, Égalité, Fraternité*, en résume les principes fondamentaux. Expliquons-les successivement.

II

QU'EST-CE QUE LA LIBERTÉ ?

La liberté est, dans son principe, la faculté qui permet à l'homme de se diriger lui-même, de disposer de lui-même, en un mot d'être *son propre maître*, au lieu d'être la chose d'un autre, comme un outil ou un animal.

Cette faculté, qui le distingue ainsi de la bête et lui donne la responsabilité de sa conduite, exige qu'il ne soit entravé dans aucun de ses actes, à moins que ceux-ci n'aient pour effet de porter atteinte à la même liberté dans ses semblables.

Il doit donc pouvoir, sous cette condition, penser et parler librement, travailler librement, user librement du fruit de son travail, etc.

C'est précisément pour assurer l'exercice de toutes ces libertés naturelles et la jouissance des biens qui en dérivent, que sont institués les lois et les pouvoirs publics. Malheureusement les gouvernements ont presque toujours usé de leur autorité pour opprimer les peuples à leur profit. Telle est la tendance de tous les gouvernements monarchiques et aristocratiques : ils traitent les hommes comme des troupeaux. L'esprit du gouvernement républicain est, au contraire, de respecter en eux la dignité inhérente à leur titre d'hommes, et d'en faire de libres citoyens.

Le lien civil qui les unit leur impose, il est vrai, certaines obligations qui semblent restreindre leur liberté ; mais, dans le système républicain, d'une part, les lois et les pouvoirs publics auxquels ils sont soumis, loin d'y porter atteinte, ne font qu'en assurer réellement le légitime exercice, en accordant la liberté de chacun avec celle de tous, et, d'autre part, c'est d'eux-mêmes qu'émanent ces lois et ces pouvoirs publics, établis par tous dans l'intérêt de tous.

En somme, gouvernement de soi-même, soit dans l'individu, soit dans le peuple entier, voilà la liberté.

Elle est le premier principe du gouvernement républicain.

L'égalité en est la conséquence nécessaire.

III

QU'EST-CE QUE L'ÉGALITÉ?

La liberté qui attribue à l'homme le gouvernement de lui-même et constitue sa personnalité, n'est pas un privilége, mais elle est l'apanage de l'humanité elle-même. A ce titre, toutes les créatures humaines sont égales : elles ont les mêmes droits innés et inviolables. Pierre a beau être moins fort, ou moins habile, ou moins riche que Jacques; il n'en est pas moins, comme homme, c'est-à-dire comme être libre, l'égal de Jacques, et celui-ci abuserait de sa force, de son habileté ou de sa richesse en l'opprimant, ou en le traitant comme une créature inférieure.

L'égalité découle donc nécessairement de la liberté. Dire que les hommes sont libres, c'est dire qu'ils sont égaux, puisqu'en vertu de cette liberté chacun doit être son propre maître, et que nul ne peut se faire le maître des autres que par usurpation.

Considérée dans l'ordre civil ou politique, cette égalité devient celle des citoyens. Ils doivent être égaux devant la loi, en ce sens qu'ils doivent être tous indistinctement soumis à la même loi : c'est ce que l'on nomme plus particulièrement l'*égalité civile*; et ils doivent aussi être égaux dans la loi, en ce sens qu'ils doivent tous participer à la formation des pouvoirs chargés de la faire ou de l'exécuter : c'est ce que l'on appelle spécialement l'*égalité politique*. Sans cette double égalité, les membres de la société, au lieu de former, comme il est juste et conforme à l'intérêt général, un seul et même corps, sont divisés en classes distinctes et nécessairement hostiles : la loi n'étant pas la même pour tous, on a une classe de privilégiés en face du reste de la nation ; et tous ne participant pas au gouvernement de la chose publique, d'un côté sont les gouvernants et de l'autre les gouvernés.

Plus de priviléges, plus de distinctions de castes ou de classes, tous citoyens au même titre, telle est l'égalité dans l'État. Elle n'existe pleinement que dans la république.

Peut-elle aller jusqu'au nivellement de toutes les fortunes sous un même cordeau ? Non, car ce nivellement serait la ruine de la liberté. Mais ce doit être l'effet de la liberté même, éclairée par une solide instruction, et de lois habilement combinées en vue de l'intérêt public, d'éteindre dans la société la misère, de développer le bien-être général et de rapprocher de plus en plus les conditions sociales.

Ceci nous conduit au troisième terme de la devise républicaine : la fraternité.

I V

QU'EST-CE QUE LA FRATERNITÉ?

Il n'est que juste de respecter dans tout homme, par conséquent dans tout citoyen, la liberté qui lui est inhérente. Agir autrement, ce serait violer en lui un droit imprescriptible.

Il n'est que juste aussi de traiter tous les citoyens comme des égaux. Tout privilège, toute distinction de classes est contraire au droit humain, dont le droit civil et le droit politique ne doivent être que la consécration et le développement.

La liberté et l'égalité sont donc de droit strict, et la Révolution française, en les inscrivant dans sa devise, n'a fait que se conformer à la simple justice.

Mais le respect du droit strict ne suffit pas dans la société. Il ne suffit pas de ne pas attenter à la liberté d'autrui et de ne pas blesser l'égalité qui dérive du principe même de la liberté; pour qu'une société d'hommes soit vraiment *humaine*, il faut qu'ils se regardent comme faisant partie, à titre d'hommes, d'une seule et même famille, et qu'ils s'aiment comme des frères.

Ce nouvel élément, qui forme entre eux un lien, non pas seulement de respect, mais d'affection réciproque, est ce que l'on nomme la *fraternité*.

C'est ce principe qu'exprimait un poëte ancien en disant, aux applaudissements du peuple romain : « Je suis homme, rien de ce qui est humain ne m'est étran· ger » ; que déjà la philosophie stoïcienne opposait à l'étroit esprit de la cité antique ; que l'Évangile a nommé la charité universelle et formulé dans cette simple maxime : « Aime ton prochain comme toi-même » ; qu'enfin tous les grands écrivains du XVIII° siècle ont remis si admirablement en lumière, en développant cette large idée : *l'humanité.*

La Révolution française a justement pensé que sa devise resterait incomplète, si elle n'y ajoutait ce troisième terme.

Sans doute, la fraternité, qui n'est plus une chose de droit strict, mais de bienveillance et d'amour, dépend plutôt des mœurs que de la législation : elle ne se décrète pas, comme la liberté ou comme l'égalité ; mais la législation peut, au moins par l'instruction publique, contribuer à en développer le sentiment dans les âmes, et il est bon qu'elle s'en pénètre elle-même, comme d'un parfum salutaire. Quelle que soit d'ailleurs l'action de la loi à cet égard, la fraternité a un trop grand rôle à jouer dans la société pour qu'elle n'inspire pas, dans la vie privée comme dans la vie publique, toute âme vraiment républicaine.

Par elle, les ressorts s'adoucissent, les obstacles disparaissent, les problèmes sociaux, qui, sans son intervention, ne seront jamais complétement résolus, se trouvent tranchés ou simplifiés. Si parfaite que puisse être la constitution d'un État, elle en sera toujours un complément indispensable.

Ajoutons tout de suite qu'en s'étendant à tous les hommes, à quelque race ou à quelque nationalité qu'ils appartiennent, elle doit concourir à éteindre les haines sauvages de peuple à peuple, et à faire disparaître, par l'union des diverses branches de la famille humaine, cette atroce barbarie qu'on appelle la guerre.

V

LA VERTU DANS LA RÉPUBLIQUE.

Montesquieu a dit que la vertu est le fondement du gouvernement républicain, comme la peur est celui du gouvernement despotique.

La vérité de cette pensée ressort clairement de ce que nous avons exposé jusqu'ici.

Le gouvernement républicain est, avons-nous dit, celui de la chose publique, administrée par tous dans l'intérêt de tous. Il exige, par conséquent, que les citoyens dont il se compose consultent, dans la part qu'ils sont appelés à y prendre, non tel ou tel intérêt particulier, mais uniquement l'intérêt général, et qu'ils sachent y sacrifier au besoin leur intérêt personnel. Sans ce désintéressement et ce dévouement à la chose publique, c'est-à-dire, en un mot, sans la vertu civique,

il n'y a pas de république. Elle cesse d'être la chose
de tous pour devenir la proie des intrigants ou des ambitieux, exploitant au profit de leurs convoitises la
portion de pouvoir qui leur est dévolue. Elle est dès
lors perdue, et son nom même ne tarde pas à disparaître. Le despotisme vit d'égoïsme et de corruption,
mais les républiques en meurent.

Précisons le rôle de la vertu dans la république en
la considérant en particulier par rapport à chacun des
principes qui composent la devise républicaine.

La république laisse à chaque citoyen toute sa liberté
d'action; mais, pour que cette entière liberté ne dé-
génère pas en licence, il faut que ceux qui en jouissent
sachent se gouverner eux-mêmes et respecter les droits
des autres. Or, ce respect de soi-même et des autres,
qui a son principe dans celui de la dignité humaine,
fait précisément partie de ce qu'on nomme la vertu. Il
y a sans doute des lois pour réprimer la licence, qui est
la négation même de la liberté; mais la sagesse antique
l'a bien dit : « Que sont les lois sans les mœurs? »
Sans les mœurs de la liberté, les lois sont impuissantes
à la préserver des excès qui la ruinent et ouvrent la
porte au despotisme. Citoyens, voulez-vous vivre libres
au sein de la république, apprenez à respecter en votre
personne et dans celle des autres la dignité humaine.

1.

Ce respect de la dignité humaine est aussi le meilleur garant de l'égalité que la république doit établir entre les citoyens. Quiconque respecte sincèrement la dignité humaine ne cherche pas à s'élever au-dessus de ses concitoyens, comme s'il était d'une nature à part, mais il repousse toute distinction humiliante pour eux; et, ne prétendant pas se faire leur supérieur, il ne leur permet pas de le traiter lui-même comme un inférieur. Ainsi se fonde réellement l'égalité républicaine, qui repousse à la fois l'esprit de domination et le servilisme. Ainsi sont chassés en même temps ces deux fléaux des républiques : la vanité avec ses insolentes prétentions, et l'envie avec ses basses révoltes.

La fraternité enfin, d'après ce que nous en avons dit, relève plutôt des mœurs que de la législation. Elle est la vertu par excellence, et cette vertu, nous l'avons dit aussi, est l'indispensable auxiliaire de toute constitution républicaine. Elle soutient et achève l'harmonie sociale.

On voit donc combien il est juste de dire avec Montesquieu que la vertu est le principe du gouvernement républicain. Elle est à la république ce que le vice est au despotisme.

DEUXIÈME PARTIE

LES INSTITUTIONS RÉPUBLICAINES

I

LE SUFFRAGE UNIVERSEL.

Les principes du gouvernement républicain étant posés, voyons ce que doivent être en conséquence les institutions républicaines.

La république, c'est le peuple se gouvernant lui-même, au lieu de se laisser gouverner par un maître, comme dans la monarchie absolue, ou par une caste jouissant exclusivement de cette prérogative, comme dans les gouvernements aristocratiques. Il suit de là que tous les citoyens qui le composent doivent avoir voix au chapitre dans le règlement de la chose publique. Si ce droit de suffrage n'appartenait pas à tous, mais seulement à une certaine classe de citoyens, si large qu'elle fût, on n'aurait pas le gouvernement du peuple par lui-même, mais celui d'une fraction du peuple par une autre fraction. Le suffrage universel est donc la condition fondamentale de toute république digne de ce nom. Il est la voix de la nation exprimant tout entière sa volonté sur les choses qui l'intéressent tout entière.

A la vérité, comme la loi qui doit régler les intérêts publics ne peut être délibérée par tous les citoyens réunis, et qu'ils ne peuvent en diriger ou en assurer tous ensemble l'exécution, ils sont bien forcés de confier ce soin à certains d'entre eux; mais ceux-ci ne sont que leurs mandataires, et le mandat dont ils sont investis est nécessairement borné, temporaire, révocable. C'est donc toujours en définitive la volonté du peuple qui s'exerce par le moyen de ces législateurs ou de ces fonctionnaires, qui tiennent de lui leur pouvoir, et n'agissent que comme ses délégués.

Ainsi le peuple demeure ce qu'il doit être dans le gouvernement républicain : son propre maître. Il garde tout entière la souveraineté qui lui appartient, et dont il ne pourrait se dépouiller qu'en se suicidant. Il peut bien en déléguer les fonctions dans certaines conditions déterminées, mais il ne l'abdique pas pour cela. Il est et reste le souverain.

⚹
* *

Le suffrage universel, qui dérive nécessairement du principe de la souveraineté du peuple, substituée à celle d'un monarque ou d'une aristocratie, n'exprime sans doute, dans la pratique ordinaire, que la volonté de la majorité des citoyens, car il est bien rare que tous s'accordent à rendre un seul et même vote. Mais cette volonté n'en est pas moins souveraine, puisqu'il n'y aurait pas de société politique possible si la minorité ne se soumettait pas aux décisions de la majorité. Sous peine de voir la république se fractionner en autant de parties qu'il y aurait de volontés divergentes, et s'abîmer ainsi dans l'anarchie, il faut bien admettre la loi des majorités. C'est dans cette loi que se résout forcément le principe de la souveraineté populaire, et c'est par conséquent cette loi qui est en définitive la base du gouvernement républicain.

S'ensuit-il que la majorité ait le droit de tout faire? Non, elle n'a pas le droit d'opprimer la minorité, ni même un seul citoyen. La majorité du peuple athénien avait beau condamner Socrate à boire la ciguë, cette condamnation n'en était pas moins un crime. La souveraineté du peuple ne signifie pas que le peuple ou la majorité du peuple puisse se permettre tout ce qui lui plaît. Ce serait alors le despotisme du nombre ; et le despotisme, ou le règne du bon plaisir, qu'il soit exercé par un César ou par une multitude, est toujours un attentat aux droits des citoyens. Le respect de ces droits, qui doit être la règle du gouvernement républicain, limite donc la souveraineté populaire, à moins qu'on ne veuille prétendre que cette souveraineté est elle-même affranchie de toute loi. Au-dessus d'elle sont les lois éternelles de la justice, qui seules sont souveraines, dans le sens absolu de ce mot; quand elle les viole, elle cesse d'être légitime et respectable.

Il résulte aussi de là que le suffrage universel ne peut avoir la vertu d'amnistier un crime public, comme, par exemple, le coup d'État du Deux-Décembre. Il peut sans doute, dans la limite marquée par la justice, défaire ce qu'il a fait; mais il ne saurait changer le mal en bien, et faire que la violence devienne le droit.

Quelle que soit d'ailleurs l'origine du despotisme monarchique, et de quelque nom qu'il s'appelle, roi ou empereur, le suffrage universel ne peut le sanctionner; car tout pouvoir absolu est une usurpation sur les droits des citoyens, et le peuple, en le consacrant, s'abdique lui-même, ce qui est contradictoire.

En résumé, institué pour représenter les droits de tous et assurer une juste administration de la chose publique, le suffrage universel manque à sa mission et se tourne contre lui-même, quand il devient un instrument de despotisme.

II

L'INSTRUCTION PUBLIQUE.

Le suffrage universel appelle l'instruction universelle.

Sans l'instruction, qui éclaire les citoyens sur leurs
droits, leurs devoirs et leurs véritables intérêts, les
votes sont nécessairement aveugles, et c'est alors que
le suffrage universel, au lieu d'être l'expression des
volontés d'un peuple libre, devient un instrument de
despotisme. Que peut-on attendre, en effet, d'hommes
qui ne savent pas même lire le bulletin de vote qu'ils
sont appelés à déposer dans l'urne, ou qui, sachant
peut-être quelque peu lire et écrire, sont incapables,
faute d'une instruction suffisante, de se rendre compte
du sens et de la portée de leurs suffrages? Ils se lais-
sent abuser par ceux qui ont intérêt à les tromper, et,
donnant à l'usurpation la forme de la légalité, ils con-
somment de leur propre main leur servitude et leur
ruine. L'ignorance des masses a toujours été pour le
despotisme un moyen de règne; elle serait, dans un
gouvernement républicain, un contre-sens et une cause
infaillible de mort.

Il suit de là que, dans tout gouvernement qui s'appelle et veut rester républicain, l'instruction du peuple

doit être élevée à la hauteur d'une institution publique.
Il faut que la société veille à ce que tous les enfants,
les plus pauvres aussi bien que les plus riches, reçoivent
ce degré d'instruction qui seul peut en faire un jour
de libres citoyens; et pour cela il faut qu'elle institue
elle-même, pour suppléer au manque ou à l'insuffisance des écoles privées, des écoles publiques où ils
soient admis gratuitement. Nulle création, nulle dépense n'est plus nécessaire et plus fructueuse. Instruire
le peuple, c'est l'arracher à l'empire des appétits bru-
taux, d'où naît le vice, qui le dégrade, et le crime,
qui peuple les prisons; c'est l'élever à la vie morale;
c'est le rendre digne de la république. Aussi voyons-
nous les pays républicains, comme la Suisse, consacrer
à cette dépense la portion de leur budget que d'autres
appliquent à l'entretien d'une cour et d'une armée.

L'instruction indispensable à tout homme, à tout
citoyen, *l'instruction primaire* doit être *gratuite*, afin
qu'aucun enfant ne soit privé, par le fait de la pauvreté
de ses parents, de cette nourriture spirituelle non
moins nécessaire que le pain du corps.

Elle doit être aussi rendue *obligatoire*.

Qu'on ne dise pas que décréter l'obligation de
l'instruction primaire, c'est porter atteinte à la liberté

du père de famille. L'objection ne serait fondée que si les parents étaient forcés d'envoyer leurs enfants aux écoles publiques; mais, dès qu'ils sont libres de choisir entre ces écoles et tout autre enseignement, elle n'a plus de valeur. La liberté du père de famille ne saurait aller jusqu'à laisser son enfant croupir dans l'ignorance, quand il est en son pouvoir de lui procurer l'instruction nécessaire. Il n'a pas plus ce droit qu'il n'a celui de le laisser mourir de faim; et la société ne fait que représenter et protéger le droit de l'enfant, quand elle le contraint à lui donner, outre la nourriture matérielle, l'instruction indispensable, qu'elle met, d'ailleurs, gratuitement à sa disposition.

Quant aux objections qui se tirent, soit de l'impossibilité de trouver une sanction efficace à la loi qui prescrirait cette obligation, soit des obstacles que rencontrerait l'exécution de cette loi, elles sont résolues par le fait. La loi est en vigueur dans certains pays, en Suisse, par exemple (nous nous plaisons à invoquer les exemples de cette terre républicaine), et elle y est parfaitement observée.

*
* *

Outre qu'elle doit être gratuite et obligatoire, l'instruction primaire, celle du moins qui se donne dans les écoles publiques, doit être exclusivement *laïque*.

Les Églises et leur enseignement en doivent être sépa-
rés, parce que la liberté de conscience, ou plus généralement la liberté de penser, ce droit imprescriptible
de l'homme, serait lésée si la société (la commune ou
l'État) faisait enseigner aux enfants une religion qui,
fût-elle admise par la majorité des citoyens, blesserait
la foi ou la raison des dissidents. C'est à la libre conscience de chacun de décider ce qui lui convient, pour
ses enfants, comme pour lui-même, en matière de
religion. La société civile n'a point à s'en mêler, et par
conséquent les ministres des cultes ne doivent point
avoir accès dans les écoles publiques. Les familles en-
verront leurs enfants aux églises, si elles veulent leur
procurer l'instruction religieuse qui se donne dans ces
sanctuaires; cela les regarde, mais ne regarde pas
l'État. — Ce point touche, comme on le voit, au grand
principe de la séparation des Églises et de l'État, que
nous retrouverons plus tard.

Nous n'avons parlé jusqu'ici que de l'instruction primaire. Mais ce premier degré de l'enseignement n'est
pas le seul dont une société républicaine ait à s'occuper. Son action doit s'exercer sur une plus haute
échelle. Suivons-la dans toute son étendue.

*
* *

L'instruction primaire, ou ce degré d'instruction
sans lequel un homme ne saurait s'élever à la dignité

d'un citoyen, étant nécessaire à tous, doit être le premier soin d'un gouvernement républicain. Celle qu'on appelle l'enseignement *secondaire*, parce qu'elle forme un degré plus élevé, soit dans l'ordre des lettres, soit dans celui des sciences ou de l'industrie, n'est pas aussi indispensable à chacun ; mais elle n'est pourtant pas un luxe superflu. Une nation où elle ne serait pas convenablement développée resterait dans un état inférieur de culture et de prospérité. La république ne peut donc s'en désintéresser. Ici encore elle doit avoir ses écoles, à côté de celles qu'il convient aux particuliers de fonder, parce que celles-ci ne peuvent répondre suffisamment à un besoin de cette nature ; et elle doit les ouvrir gratuitement à tous les jeunes gens jugés capables d'aborder ce genre d'études et de le suivre avec profit.

Il n'est pas inutile d'ajouter que ces écoles publiques, qu'on désigne en général sous le nom de *colléges*, ne doivent être que de simples externats. L'État n'est pas apte à donner une autre éducation que celle qui résulte de l'instruction elle-même : celle-ci seule est de sa compétence ; l'autre appartient exclusivement aux familles. Il faut laisser aux monarchies ces casernes ou ces séminaires d'enfants dont l'État se sert pour former les âmes à l'obéissance passive. Dans une république, l'État doit abandonner aux parents le soin et la responsabilité de l'éducation de leurs enfants, en leur offrant seulement ce qui est de son ressort : un enseignement public aussi parfait que possible.

Ajoutons encore que, dans une société républicaine,

cet enseignement doit se proposer pour but de faire, non des fonctionnaires de métier, ou des désœuvrés à charge à eux-mêmes et à la société, mais des citoyens aptes à exercer utilement leurs facultés dans toutes les libres carrières qui peuvent s'ouvrir devant eux.

C'est pourquoi aussi il est bon, surtout à une époque où le travail de l'industrie acquiert une si grande importance, de placer, entre l'enseignement primaire et l'enseignement secondaire proprement dits, des écoles *professionnelles*, destinées à former d'excellents ouvriers.

Il est enfin un dernier degré d'enseignement qui, sans exclure les écoles privées, réclame, plus encore que le précédent, des écoles publiques. L'enseignement *supérieur*, en effet, à cause de son élévation même et des ressources qu'il exige, périrait et végéterait, au grand détriment de la république, si la société ne se chargeait elle-même d'y pourvoir. C'est de ce luxe-là surtout qu'on peut dire qu'il est chose nécessaire; mais il faut aussi lui appliquer les règles que nous venons d'indiquer comme devant présider à la constitution de l'enseignement secondaire.

« De la lumière, encore de la lumière », ce mot doit être la devise de tout gouvernement républicain. Le ministère de l'instruction publique y doit occuper le premier rang. Il faut qu'il soit dans les républiques ce que celui de la guerre est dans les monarchies.

* *
*

L'œuvre de l'instruction publique demeurerait incomplète si elle ne s'étendait aux jeunes filles. Sans
doute, elles ne sont point appelées à participer, comme
les hommes, aux affaires de la politique : la vie publique ne sied pas en général à leur nature, et c'est
surtout au foyer domestique qu'est leur place, parce
que c'est là que leur destination a tracé leurs devoirs,
comme filles, comme épouses et comme mères ; mais
la république n'en est pas moins intéressée à leur assurer l'instruction sans laquelle elles ne sauraient remplir
dignement leur rôle dans la société.

Ce point a été jusqu'ici, chez presque tous les peuples, beaucoup trop négligé, par suite de cet absurde
préjugé qui rabaisse les femmes au rang de créatures
inférieures, et faisait dire à nos aïeux, suivant le propos
rapporté par le *Chrysale* de Molière :

> ...Qu'une femme en sait toujours assez
> Quand la capacité de son esprit se hausse
> A connaître un pourpoint d'avec un haut-de-chausse.

C'est ainsi qu'en les entretenant systématiquement
dans l'ignorance de tout ce qui éclaire l'esprit et élève
l'âme, on a développé en elles les idées fausses et les
goûts frivoles, qui, à la place de l'action bienfaisante
qu'elles devraient exercer, rendent leur empire trop
souvent pernicieux. Il faut combattre l'ignorance
comme un fléau non moins funeste chez les femmes

que chez les hommes, et les instruire de telle sorte
qu'elles puissent devenir pour leurs maris de dignes
compagnes, donner à leurs enfants une bonne éducation, et répandre partout autour d'elles une salutaire
influence.

La république aura donc des écoles pour les filles
comme pour les garçons. Elle aura des écoles *primaires*
où elle leur offrira gratuitement cette instruction élémentaire dont aucune ne doit être privée. Elle aura, en
outre, des écoles *professionnelles* où elle formera d'ha-
biles ouvrières, capables de vivre honnêtement de leur
travail. Elle aura aussi des écoles *secondaires* où celles
qui sont aptes à pousser plus loin leurs études recevront
une instruction plus étendue, mais toujours solide et
pratique. Elle aura même des écoles *supérieures* où seront enseignées, à leur usage, les connaissances litté-
raires et scientifiques qui leur ouvriront certaines carrières auxquelles elles conviennent parfaitement, mais
dont l'accès leur a été jusqu'ici injustement fermé, celle,
par exemple, de la médecine (nous parlons, bien entendu, de la médecine de leur sexe).

Toutes ces écoles concourront à arracher les femmes
à la misère, à la frivolité, au vice; à les rendre capables de comprendre et de remplir leurs devoirs dans
toute leur étendue; à relever enfin leur rang dans la
société.

Il ne s'agit pas de les assimiler absolument aux
hommes, ainsi que l'ont rêvé certains réformateurs.
Comme la nature leur a donné des facultés et des fonc-

tíons, non pas inférieures, mais distinctes, il faut que l'instruction que leur offrent les écoles publiques leur soit appropriée. Mais il ne faut pas non plus que cette diversité serve de prétexte pour les retenir dans une ignorance et, par suite, dans une infériorité systématiques. La société tout entière en souffrirait, et la république y perdrait une grande partie de ses assises.

Nous pouvons donc répéter ici ce que nous avons dit plus haut : elle ne fera jamais de dépense plus fructueuse que celle qu'elle, consacrera à l'instruction publique.

III

LA COMMUNE

Disséminé sur un territoire plus ou moins étendu, un peuple se divise en un certain nombre de groupes dispersés, dont les membres forment entre eux ce premier noyau de société publique qu'on nomme une *commune*. La commune est le point de départ de cette vaste association qui constitue une nation, et dont l'*État* représente l'unité politique. Elle est comme l'alvéole de l'État. Ou pourrait dire aussi avec justesse que la commune est l'image abrégée de l'État, ou que l'État est l'image agrandie de la commune.

Il est aisé de déduire de là l'étendue à la fois et la limite de ses droits.

Réunion de familles établies dans le même lieu, et ayant par là même un certain nombre d'intérêts communs, d'où elle tire son nom, la commune doit avoir le droit d'administrer elle-même ses affaires et de nommer ses magistrats. Les gouvernements despotiques, dont le principe est de tout absorber, ne peuvent souffrir cette indépendance, qui serait une limite à leur pouvoir absolu ; dans le gouvernement républicain, au contraire, dont la liberté est le principe fondamental, les libertés municipales forment la base même des libertés publiques. Chaque commune se gouverne elle-même ; elle est comme une petite république dans la grande.

Mais, si elle doit jouir d'une complète indépendance dans le cercle des intérêts locaux qui la concernent spécialement, là aussi doit s'arrêter son pouvoir. Faisant elle-même partie intégrante d'un ensemble dont, tout en gardant sa vie propre et son autonomie, elle n'est pourtant qu'une fraction, elle rentre, pour tout ce qui regarde les intérêts généraux de l'association à laquelle elle appartient, dans la masse du peuple entier, et elle est soumise, à ce titre, aux lois et aux pouvoirs publics qu'il s'impose à lui-même. Autrement, il y aurait autant d'États indépendants qu'il y aurait de communes distinctes ; l'unité disparaîtrait tout entière dans la diversité, et la force qui naît de la cohésion se perdrait dans l'éparpillement.

C'est, en somme, dans l'harmonie de ces deux forces, la commune et l'État, que résident la liberté et la prospérité d'un peuple. C'est là surtout ce que doit rechercher un gouvernement républicain. Au lieu d'étouffer, à l'exemple du despotisme monarchique, les libertés municipales sous le réseau d'une administration centrale qui pèse sur tous les points du pays, il doit les respecter et en favoriser le développement. Mais en même temps il ne saurait souffrir que, sous prétexte d'indépendance communale, les droits des citoyens et l'intérêt public soient mis en péril. A cette double condition, la commune sera ce qu'elle doit être, et elle ne sera que ce qu'elle doit être : un groupe libre dans une libre société.

IV

LES CIRCONSCRIPTIONS INTERMÉDIAIRES ENTRE LA COMMUNE ET L'ÉTAT.

La commune est, comme nous l'avons dit, le point de départ de l'État, lequel représente la nation tout entière. Mais, entre la commune et l'État, il y a nécessairement, quand le peuple est nombreux et occupe une étendue de territoire assez considérable, des circonscriptions qui groupent les citoyens et leurs intérêts communs dans un cercle plus large que celui de la commune et plus étroit que celui de l'État. Ces circonscriptions intermédiaires forment même, dans cer-

JULES BARNI.   2

tains pays, un système gradué. Ce sont les divers degrés
de ce système qui s'appellent en France, depuis la
Révolution de 1789, le *canton*, l'*arrondissement*, le *dépar-
tement*.

Le nombre et l'étendue des circonscriptions intermédiaires entre la commune et l'État varient suivant les
divers pays et peuvent se modifier suivant les circonstances ; mais il est certaines règles qui, sous un régime
républicain, doivent toujours présider à cette institution. Ce sont celles même que nous avons déjà rencon-
trées au sujet de la commune ; elles ne font que s'appliquer ici sur une plus vaste échelle.

Chaque circonscription, en effet, sous peine de n'être
qu'une simple division administrative du gouvernement central, doit être regardée comme une plus
grande commune. Comme la commune, elle doit pouvoir gérer librement les intérêts qui lui sont spéciaux
et nommer elle-même les mandataires chargés de les
surveiller.

En général, il ne faut laisser au gouvernement central, ou à l'État, que ce que les communes et les circonscriptions intermédiaires ne peuvent pas faire ou ne
peuvent pas bien faire. Tout le reste leur doit être aban-
donné. De cette manière, la vie publique, au lieu de se
concentrer tout entière sur un point, se répandra également dans toutes les parties du corps social. Les citoyens, dans chaque groupe, prendront une part plus
active et plus efficace à la chose publique, qui les inté-
ressera plus directement ; et, grâce   cette division du

travail et à cette répartition des obligations sociales, la
tâche, trop souvent démesurée, du gouvernement central se trouvera énormément allégée. Par là aussi, ses
pouvoirs cessant d'être aussi exorbitants, la liberté individuelle sera plus à l'aise, et les ambitions qu'excite la
puissance publique seront moins dangereuses.

Mais, d'un autre côté, qu'on y prenne bien garde, le
but à atteindre ne serait pas moins manqué si, au moyen
de cette décentralisation, la liberté des citoyens et l'intérêt général de la nation pouvaient être compromis
par le despotisme et les prétentions des pouvoirs locaux.
Il faut donc que l'État, c'est-à-dire le gouvernement
de la nation tout entière, intervienne ici en dernier ressort pour assurer le respect de cette liberté contre toutes
les atteintes, et la prédominance de cet intérêt général
sur tous les intérêts particuliers. Là est son rôle chez
un peuple républicain. Examinons les attributions qui
en résultent.

V

L'ÉTAT. — LES TROIS POUVOIRS. — LA SÉPARATION
DES POUVOIRS.

L'État est l'ensemble des pouvoirs publics chargés de
régler et d'administrer les choses qui intéressent le pays
tout entier. Il enveloppe, par conséquent, la commune
et toutes les circonscriptions locales entre lesquelles le
peuple est réparti. Il représente, comme nous l'avons

déjà dit, l'unité de la nation dont elles expriment la diversité.

Dans le système républicain, les pouvoirs qui composent l'État émanent du peuple même, dont ils ne sont qu'une délégation temporaire, limitée, révocable en certains cas, et toujours soumise au contrôle des citoyens. Dans ce système, un homme ne peut plus s'arroger le droit de dire, comme Louis XIV : « L'État, c'est moi; » l'État, c'est tout le monde, en ce sens que tous y participent, directement ou indirectement. Il n'y a plus un ou plusieurs maîtres, mais uniquement des mandataires du peuple.

L'État a trois grandes attributions, d'où résultent les trois pouvoirs dont il se compose essentiellement.

La première est de faire les *lois*, qui ont pour but de substituer, dans la société, la règle à l'arbitraire et l'empire du droit à celui de la force, en statuant, au nom du peuple entier, sur les objets d'intérêt public, soit que ces objets soient généraux et permanents, soit qu'ils se rapportent à quelque circonstance spéciale et passagère, auquel cas elles s'appellent plus particulièrement des *décrets*. De là un premier pouvoir, le *pouvoir législatif*, dont la mission est de régler les conditions juridiques de la société civile ou politique.

Mais il ne suffit pas d'édicter des lois, il faut les exécuter, c'est-à-dire les appliquer en réalité aux objets qu'elles concernent. De là un second pouvoir, sans lequel l'œuvre du premier ne serait qu'une lettre morte, le *pouvoir exécutif*.

Enfin, comme il ne peut manquer de s'élever, sous le régime même des lois et souvent au sujet de leur interprétation, des différends entre les particuliers, et comme, d'un autre côté, la violation des lois ne peut rester impunie, un troisième pouvoir est nécessaire, le *pouvoir judiciaire*, qui a pour mission de juger, selon les lois, soit ces différends, soit ces infractions, qu'on nomme *crimes* ou *délits*, suivant leur gravité.

Pouvoir législatif, pouvoir exécutif, pouvoir judiciaire, tels sont donc les trois pouvoirs constitutifs de l'État. Ils sont tous les trois essentiels, puisque sans l'un ou l'autre de ces pouvoirs la société civile n'existerait pas ou serait arrêtée dans son cours.

Voyons maintenant comment ils doivent être combinés et organisés pour accomplir leur mission conformément à la théorie républicaine.

*
* *

Lorsque les trois pouvoirs constitutifs de l'État sont concentrés directement ou indirectement dans les mains d'un seul homme, chef héréditaire ou élu, peu importe, on a le despotisme monarchique, le césarisme, c'est-à-dire le fléau le plus honteux à la fois et le plus désastreux qui puisse se déchaîner sur un peuple.

Lorsque ces trois pouvoirs sont réunis dans une seule

2.

et même assemblée, cette assemblée a beau être nommée par le peuple, on a encore le despotisme : tout ce qu'elle veut faire, elle le peut faire aussitôt, ayant à la fois la puissance législative pour traduire en décret ce qu'il lui plaît d'ordonner, la puissance exécutive pour le convertir immédiatement en acte, et la puissance judiciaire pour frapper sans délai et sans obstacle ceux qui résistent à sa volonté. Dictature d'une assemblée ou d'un homme, le despotisme est toujours le contraire de la liberté.

Comme l'a dit justement Montesquieu, il faut que le pouvoir arrête le pouvoir, parce que tout homme qui a du pouvoir est porté à en abuser. Fondée sur l'observation de la nature humaine, qui est partout et toujours la même, cette vérité ne s'applique pas moins à la république qu'à la monarchie. Dans la monarchie, elle a produit la théorie de la *balance des pouvoirs*, dont nous n'avons pas ici à nous occuper; mais, si cette théorie est propre à la monarchie constitutionnelle, le principe de la *séparation des pouvoirs* conserve sa raison d'être dans la république : cette division est toujours une garantie nécessaire de la liberté des citoyens. Aussi Jean-Jacques Rousseau ne l'a-t-il pas moins admise que Montesquieu, et figure-t-elle aussi bien dans les constitutions républicaines de la Suisse et de l'Amérique que dans les constitutions monarchiques de la Belgique et de l'Angleterre.

*
* *

C'est une règle fondamentale de toute libre constitution que les pouvoirs n'y soient pas concentrés dans un
seul corps, parce que cette concentration serait le despotisme. La vérité de cette règle se montre surtout au
sujet du pouvoir judiciaire. C'est là que la nécessité de
la séparation éclate avec le plus d'évidence. Supposez
que ce pouvoir soit réuni, soit à la puissance législative, soit à la puissance exécutive, soit aux deux ensemble, réunies elles-mêmes dans les mêmes mains, la
fortune, l'honneur, le sort des citoyens, n'ont plus de
garantie. La loi n'est plus, en effet, une garantie pour
eux, quand ceux qui sont appelés à juger leurs différends ou les infractions dont ils sont accusés, sont
ceux-là mêmes qui ont le pouvoir de la faire ; et la puissance exécutive devient un glaive à deux tranchants,
quand elle a le pouvoir de juger en même temps que
celui d'exécuter. Il est donc nécessaire que le pouvoir
judiciaire soit séparé des deux autres, et que son action, uniquement soumise aux lois, qu'il a la mission
d'interpréter, s'exerce avec une entière indépendance.

Pour ce qui est du pouvoir législatif et du pouvoir
exécutif, la séparation n'est pas d'une aussi impérieuse
nécessité, et elle ne peut pas être aussi absolue. On
conçoit à la rigueur une assemblée réunissant ces
deux pouvoirs sans menacer pour cela la liberté des
citoyens, et il faut bien qu'ils se pénètrent dans une
certaine mesure pour accomplir leur œuvre commune

Ainsi la puissance exécutive doit toujours compte de ses actes à l'assemblée législative, et, en revanche, il convient qu'elle ait une certaine part dans la confection des lois qu'elle est chargée d'exécuter. Mais cette pénétration réciproque ne doit pas aller jusqu'à la confusion ; il importe que les deux pouvoirs restent distincts et à certains égards indépendants. Cette distinction et cette indépendance sont, en effet, sinon une indispensable sauvegarde de la liberté des citoyens, au moins une condition nécessaire de la bonne administration des affaires publiques. Pour que le pouvoir exécutif puisse bien remplir la tâche qui lui est propre, il faut que, dans la limite de la constitution et des lois, et sous le contrôle du corps législatif, il ait sa liberté d'action et possède une certaine indépendance. Une assemblée peut bien diriger et surveiller le gouvernement ; mais elle ne saurait gouverner elle-même sans détriment pour la chose publique. Le gouvernement, dans l'acception étroite de ce mot, n'est pas le fait d'une nombreuse réunion de représentants, mais d'un président, comme aux États-Unis, ou d'un conseil d'État, comme dans les cantons suisses. Ajoutez que, comme il donnera toujours, de quelque manière qu'on s'y prenne, une très-grande puissance à ceux qui en sont investis, il n'est pas bon qu'il soit incessamment, au sein d'une assemblée, un point de mire pour toutes les ambitions et les convoitises, et par là une cause permanente d'intrigues et de cabales.

Sans doute, il faut éviter aussi de placer l'un en face

de l'autre deux pouvoirs rivaux, jaloux, toujours prêts
à entrer en lutte. Ce serait une source de conflits et un
principe de révolutions qui ne serait pas moins funeste.
Le secret de la politique est de si bien combiner les
deux pouvoirs, que l'un ne soit pas entièrement ab-
sorbé par l'autre, mais qu'ils se modèrent réciproque-
ment sans se combattre, et qu'ils travaillent de concert
au bien public.

C'est ce que l'on comprendra mieux en examinant de
plus près successivement le domaine de chacun d'eux.

VI

LE POUVOIR LÉGISLATIF.

Le pouvoir législatif est le premier de tous les pouvoirs, puisque c'est lui qui fixe les règles que doivent
appliquer les deux autres, et auxquelles sont soumis en
général tous les membres de la société.

Il appartient originairement au peuple entier. La loi
étant, en effet, la règle à laquelle tous les citoyens s'en-
gagent à se conformer, elle doit procéder de leur volonté, et non, comme dans le système de la monarchie
absolue, d'une autorité supérieure qui l'impose d'en
haut. C'est aux membres mêmes du corps social qu'il
appartient de régler d'un commun accord les conditions du pacte qui les lie. Tel est le point de départ du
système républicain.

Mais comme il est impossible, pour peu que le peuple soit nombreux, que les lois soient délibérées par tous les citoyens réunis, ainsi que cela se pratiquait au forum des antiques républiques, ou que cela se pratique encore dans certains petits cantons de la Suisse, il devient nécessaire qu'ils nomment des *représentants*, chargés de discuter et de fixer en leur nom les lois que réclame l'intérêt de la société. Ils délèguent ainsi le pouvoir législatif, mais ils ne font que le déléguer conditionnellement, c'est-à-dire qu'ils restent toujours les maîtres d'accepter ou de rejeter l'œuvre de leurs représentants. Toute loi suppose en définitive l'adhésion, expresse ou tacite, de ceux qu'elle oblige. Cette maxime n'est qu'une autre forme du principe fondamental de la théorie républicaine.

S'ensuit-il que, pour être valables, toutes les lois doivent être soumises au vote populaire? Cette sanction serait sans doute plus conforme à la théorie, et il est bon de se la proposer comme un idéal à poursuivre : aussi voyons-nous les républiques les plus avancées de la Suisse y tendre de plus en plus ; mais, d'une part, elle suppose un peuple extrêmement éclairé, ce qui n'est pas le cas de ceux qu'a formés la monarchie ; et, d'autre part, même chez un peuple très-éclairé, elle est dans la pratique d'une exécution si difficile, elle est hérissée de tant d'obstacles qu'on ne peut faire jouer ce ressort qu'avec beaucoup de ménagements.

L'hypothèse du consentement tacite a sans doute

aussi ses dangers. Les hommes investis du pouvoir
présument volontiers ce qu'ils désirent, bon ou mau-
vais, et ils ne sont que trop portés à confondre la volonté du peuple avec leur propre volonté; mais ce
moyen n'en est pas moins légitime et avantageux en
beaucoup de cas. La question est de l'employer suivant la mesure qu'exige l'intérêt général. Là est la règle à laquelle il faut toujours en revenir.

Précisons l'objet des lois et par conséquent la mission
du pouvoir chargé de les instituer. L'étendue de son
devoir et la limite de son droit en ressortiront naturellement.

Les lois ont pour objet de régler les rapports réciproques des citoyens de manière à assurer à la fois le
respect de leurs droits individuels et le bien de la société tout entière.

Leur domaine est d'abord celui du droit naturel,
dont elles sont destinées à traduire et à faire respecter
les inviolables prescriptions. Il s'étend ensuite à tout
ce qu'exige, sans porter atteinte à ce droit primordial,
l'intérêt général du peuple dont elles consacrent l'union.

Le premier devoir du législateur est donc de faire de
ses lois le rempart de la liberté des citoyens, puisque la
liberté est le premier de tous les droits, celui d'où tous
les autres dérivent. Liberté de la pensée, liberté de la

parole, liberté du travail, etc., toutes ces libertés, ou,
pour mieux dire, toutes ces applications de la liberté,
qui est le fond même de l'homme et qui fait sa dignité,
sont autant de droits imprescriptibles devant lesquels
toute autorité législative doit s'incliner, et qu'elle a la
mission de garantir. Il faut que les lois qu'elle édicte,
au lieu d'être, comme il n'arrive que trop souvent, des
entraves à la liberté de l'individu, en protégent au
contraire le légitime usage, c'est-à-dire cet usage qui
fait que, conformément au principe fondamental du
droit, la liberté de chacun s'accorde avec celle de tous.
Ce n'est qu'à cette condition qu'elles sont elles-mêmes
légitimes. Toute loi qui viole dans son principe ou qui
arrête dans son juste exercice quelqu'une de ces libertés
sans lesquelles l'homme n'a plus la disposition et la
direction de lui-même, fût-elle sanctionnée par la majorité des citoyens, est une loi injuste et mauvaise ; et
le pouvoir qui l'institue manque à sa mission, qui est
avant tout d'assurer la liberté par la loi.

*
* *

Garantir les droits individuels de chacun des membres de la société, en réglant d'un commun accord
leurs rapports réciproques, tel est le premier objet de
la législation, mais il n'est pas le seul. L'union qui
constitue un peuple crée un ensemble d'intérêts com-

muns, une solidarité sociale qui doit aussi faire l'objet de la loi. Tout ce que commande la prospérité de la nation ou le bien public rentre à ce titre dans la sphère de la législation.

Mais, en étendant son domaine du droit purement naturel aux intérêts sociaux du peuple qui demande des lois communes, le pouvoir législatif ne doit jamais oublier qu'il est des droits sacrés dont aucun intérêt social, si impérieux qu'il paraisse, ne peut justifier la violation. Une loi, par exemple, qui interdit ou entrave la liberté de la pensée a beau alléguer l'intérêt de la société ; elle est une atteinte portée à un droit inaliénable et imprescriptible, et elle compromet par là l'intérêt même qu'elle prétend servir. C'est, en effet, l'intérêt de la société que les droits de la personne humaine soient respectés dans ses membres, car elle souffre elle-même des entraves qui arrêtent le libre développement de leurs facultés. Comme cette règle n'est qu'une application du devoir précédemment indiqué, nous n'avons pas besoin d'y insister davantage.

Une seconde règle dont le pouvoir législatif ne saurait non plus se trop bien pénétrer, c'est que la loi, en s'appliquant aux intérêts généraux de la société, doit se renfermer dans le cercle de ce que ces intérêts exigent d'elle absolument, et abandonner aux particuliers, aux communes, à toutes les circonscriptions locales, toute l'initiative et toute la latitude compatibles avec le bien public, lequel n'aura lui-même qu'à y gagner. Cette règle, que nous avons déjà indiquée, comme la

précédente, en parlant de l'Etat en général, se représente naturellement ici ; elle s'impose à toute législation qui veut être vraiment républicaine. Une excessive
réglementation par le pouvoir central n'est pas moins
nuisible à l'intérêt général de la société que l'absence
de toute loi favorable à cet intérêt. Laissez chaque
membre et chaque groupe de la société agir et se développer avec la plus large indépendance ; c'est le
meilleur moyen d'assurer la prospérité générale.

Pour compléter notre analyse du pouvoir législatif,
il nous reste à dire quelque chose des règles qui doivent présider à sa constitution. Ces règles se déduisent
à leur tour de l'idée que nous avons donnée de sa mission et de ses devoirs.

Il est à peine besoin de faire remarquer qu'une assemblée législative représentant le peuple entier doit
par cela même être nombreuse. Cela est nécessaire
pour que toutes les fractions un peu considérables y
trouvent leur place, pour que toutes les opinions un
peu importantes puissent s'y faire jour, enfin pour
que l'intérêt général l'emporte plus sûrement sur l'intérêt particulier. Une petite assemblée contracte toujours plus ou moins les vices de l'oligarchie. Il ne faut
pas, sans doute, qu'une assemblée nationale soit tel-

lement nombreuse, que la confusion et le désordre
s'y introduisent forcément : on retomberait ainsi dans
les dangers de la place publique; mais il faut qu'elle
le soit assez pour représenter aussi exactement que
possible la nation tout entière.

En revanche, toute assemblée législative doit avoir
une durée très-limitée. Une assemblée dont l'existence
se prolongerait pendant plusieurs années aurait un
double défaut : elle se ferait du pouvoir une habitude,
ce qui est contraire aux principes républicains, et elle
courrait le risque de ne plus représenter fidèlement
les électeurs qui l'auraient nommée. Le mandat des
citoyens investis du pouvoir législatif doit donc être à
brève échéance; il faut qu'ils rentrent après un court
espace de temps dans les rangs du peuple qui les a
élus, ou qu'ils obtiennent de lui le renouvellement de
leur mandat. D'un autre côté, le travail que réclame
l'œuvre difficile de la confection des lois, l'esprit de
suite qu'elle suppose, les inconvénients que présente-
raient des élections trop fréquentes, tout cela exige
que le mandat législatif conféré aux représentants du
peuple ne soit pas de trop courte durée. Sans prétendre fixer cette durée avec une rigueur mathématique,
on peut dire que l'espace de deux années semble être
celui qui remplit le mieux les conditions diverses
auxquelles il s'agit de satisfaire. Il n'est pas assez long
pour détruire l'accord du peuple et de ses représentants, et il l'est assez pour permettre à une assemblée
de faire sérieusement son œuvre. Aussi est-ce le terme

qu'ont adopté plusieurs constitutions républicaines, et l'expérience a montré qu'elles ne s'étaient pas trompées.

Maintenant, faut-il diviser le pouvoir législatif entre deux corps distincts, ou bien le confier à une assemblée? C'est là une question complexe, et qui ne comporte peut-être pas une solution absolue, mais qui vaut la peine d'être examinée dans ce Manuel.

Le système de la division du pouvoir législatif en deux chambres et celui d'une assemblée unique ont l'un et l'autre leurs avantages, mais aussi leurs défauts. Le premier permet plus de réflexion dans la délibération et l'adoption des lois, mais il peut être en revanche une source d'embarras et de conflits funestes à la chose publique. Le second simplifie les difficultés, mais il est plus sujet aux entraînements irréfléchis, et il est trop exposé à se laisser glisser sur la pente de la dictature.

Nous n'ajouterons pas, en répétant un argument trop souvent invoqué, que le premier offre une barrière plus solide que le second contre les attentats du césarisme, parce que notre propre histoire contredit cet argument. Napoléon Ier n'a pas eu plus de peine à triompher, au 18 brumaire, des deux Conseils entre lesquels se partageait alors le pouvoir législatif,

que son neveu et son plagiaire, au 2 décembre, de
l'unique assemblée législative établie par la constitution de 1848.

Nous ne dirons pas non plus d'une manière absolue
que la démocratie repousse le système des deux chambres, puisque nous voyons ce système en vigueur dans
les constitutions démocratiques des États-Unis et dans
celle de la Confédération suisse. Ce qu'elle repousse,
c'est une seconde chambre qui rouvrirait la porte à
l'aristocratie.

Mais il faut reconnaître que là est précisément le
péril et la difficulté dans un pays depuis longtemps
soumis au régime monarchique, et où la démocratie
n'a pas encore emporté dans son cours toutes les prétentions aristocratiques.

On voit donc combien nous avions raison de dire
que la question est complexe et qu'elle n'est guère
susceptible d'une solution absolue. Le système de deux
assemblées est sans doute, à certains égards, préférable à celui d'une seule, mais il ne l'est qu'à des
conditions qui ne sont point partout également aisées
à remplir : c'est qu'il ne serve point à entretenir un
foyer déplacé dans la démocratie, et qu'en général il
ne crée pas au sein du pouvoir législatif un antagonisme dangereux.

Dans tout ce que nous avons dit du pouvoir législatif, nous en avons parlé en général comme du pouvoir
qui a la mission de faire des lois, sans distinguer entre ces lois. Mais il ne faut pas oublier la différence

qui existe entre la loi fondamentale du pays, la *constitution*, qui règle les conditions générales du pacte
social et l'exercice des pouvoirs publics, et qui n'exclut pas sans doute le changement, mais ne l'admet
que dans certains cas déterminés, — les *lois spéciales*,
qui peuvent être incessamment modifiées, — et les
décrets, que nécessitent les circonstances particulières
et passagères auxquelles il s'agit de faire face. La première ne peut être que l'œuvre d'une assemblée extraordinaire, investie par le peuple du *pouvoir consti-
tuant;* les deux autres sont celle des assemblées ordi-
naires, qui participent par là à ce que l'on nomme
proprement le gouvernement, et dont l'action se combine à cet effet avec celle du pouvoir exécutif. Parlons
maintenant de ce second pouvoir.

VII

LE POUVOIR EXÉCUTIF.

Il ne suffit pas de faire des lois; il faut qu'elles
soient *exécutées*, sans quoi les résolutions de la volonté
générale resteraient sans effet. De là la nécessité d'un
second pouvoir, chargé d'assurer cette exécution, et
que l'on nomme pour cette raison le *pouvoir exécutif*.

C'est aussi ce pouvoir qu'on désigne proprement
sous le nom de *gouvernement*, en prenant ce mot dans

son sens le plus restreint. C'est lui, en effet, qui gouverne, puisque c'est lui qui dirige et administre les
affaires publiques, soit par lui-même, soit par les
fonctionnaires qu'il institue à cet effet. A la vérité,
comme il ne gouverne, dans un État républicain, que
conformément aux lois et aux décrets rendus par le
pouvoir législatif, il faut reconnaître qu'en somme le
gouvernement de la société, dans la plus large acception du mot, appartient aux deux pouvoirs réunis;
mais il n'en est pas moins juste et il est plus conforme
à l'usage aujourd'hui consacré, de réserver ce mot
pour désigner plus particulièrement le pouvoir qui
préside à l'exécution des lois et gouverne en conséquence.

Il résulte de ce que nous venons de rappeler que le
pouvoir exécutif, ou le gouvernement, doit être subordonné au pouvoir législatif, ou à l'assemblée des
représentants chargés de formuler les lois suivant
lesquelles le peuple veut être gouverné. Cette subordination dérive nécessairement de la nature même
des deux pouvoirs, dont l'un exprime sous forme de
loi ce que l'autre traduit en action.

Cependant, comme nous avons déjà eu l'occa-
sion de le dire, en exposant le principe de la séparation des pouvoirs, cette subordination ne doit pas
aller jusqu'à l'absolue absorption du pouvoir exécutif
par le pouvoir législatif. Nous avons signalé les inconvénients et les périls qu'engendrerait cette confusion.
Il faut donc que le pouvoir exécutif ait une existence

distincte, quoique subordonnée, et que, dans la limite
des lois qu'il est chargé d'exécuter et sous le contrôle
du pouvoir législatif, qui a toujours le droit de lui demander compte de ses actes, c'est-à-dire de la manière dont il exécute les lois, son action s'exerce librement. Cette indépendance est d'ailleurs une condition
nécessaire de la grande mission dont il est chargé et
de la responsabilité qu'elle entraîne. Pour accomplir
convenablement cette mission et porter dignement
cette responsabilité, il faut qu'il soit autre chose qu'un
pur instrument entre les mains d'une assemblée.

D'un autre côté, tout en ayant son existence et son
action propres, il faut, — et ceci est une conséquence
de la responsabilité qui pèse sur lui, — qu'il participe
dans une certaine mesure aux lois qu'il a mission
d'exécuter. C'est ainsi qu'il doit avoir la faculté de
présenter les lois qui lui paraissent utiles, de s'opposer à celles qui seraient contraires à la constitution,
de donner et de soutenir son avis sur toutes, etc. Cette
participation du pouvoir exécutif à l'œuvre du pouvoir législatif est aussi une condition du parfait accomplissement de la tâche spéciale qui lui est dévolue.

Ainsi le pouvoir exécutif, quoique subordonné au
pouvoir législatif, reste lui-même, et il combine son
action avec celle de ce pouvoir, sans se confondre
avec lui.

*
* *

Comment, dans une république, le pouvoir exécutif
doit-il être constitué, et comment doit-il être nommé?
Ces deux questions, qui sont connexes, sont capitales;
mais, comme celle de la constitution du pouvoir législatif, elles comportent des solutions diverses. Examinons rapidement les systèmes en présence.

Le pouvoir exécutif peut être confié ou à un *président*, ou à un *conseil d'État*. Le premier de ces systèmes est celui qui est en vigueur aux États-Unis, et
qu'avait adopté, à leur exemple, la constitution française de 1848; le second est celui de toutes les constitutions cantonales et de la constitution fédérale de
la Suisse. C'est aussi celui qui a été pratiqué en
France, sous le titre de *Directoire,* en vertu de la constitution établie par la Convention nationale et ren-
versée par Bonaparte au 18 brumaire.

Le premier système a en général le défaut de donner à *un seul homme* un pouvoir trop considérable dans
une république, et par là trop dangereux pour elle.
Le danger est encore plus grand, il peut être mortel,
si, comme dans la constitution de 1848, le président
de la république, au lieu d'être nommé par l'assemblée législative, est élu par le peuple entier, ainsi que
cette assemblée elle-même. La constitution de 1848
avait ainsi posé en face l'un de l'autre deux pouvoirs,

3.

dont l'un, composé d'une seule tête et directement
nommé par le suffrage universel, semblait fait en
quelque sorte tout exprès, non-seulement pour tenir
l'autre en échec, mais pour le supprimer et détruire
la république. Il est vrai que le malheur a voulu que
le président choisi par le peuple s'appelât d'un nom
qui dès lors eût dû être maudit, du nom de Napoléon;
mais ce malheur n'était pas bien difficile à prévoir, et
le danger subsistera toujours, avec plus ou moins de
gravité, tant que le système de la présidence pourra
livrer à des prétendants ou à des ambitieux sans scrupule le gouvernement de la république. Ce système
présente de graves inconvénients même dans une république solidement assise, — on ne l'a que trop vu
récemment en Amérique, après la mort de Lincoln;
mais il doit surtout être évité dans un pays qui, après
avoir longtemps vécu sous le régime monarchique,
travaille à fonder le régime républicain. C'est là surtout, en effet, qu'il faut écarter tout ce qui peut rappeler ou ramener le *gouvernement personnel.*

Le second système, celui qui remet le pouvoir exécutif à un conseil d'État, lequel se partage ou délègue
les divers ministères qui correspondent aux grands
services publics, semble s'accorder moins bien avec
l'unité qu'exige le gouvernement, et il peut même devenir, dans certaines circonstances, une source d'a-
narchie. Il a d'ailleurs été discrédité en France par
l'administration, trop souvent déplorable, du Directoire. Mais il faut reconnaître qu'il est, en définitive,

le plus vraiment républicain, et tout le monde sait avec quel succès il fonctionne en Suisse. Il est donc recommandé à la fois par les principes et par l'expérience. Celle qu'a fournie le Directoire ne suffit pas pour le condamner absolument, même en France ; celle, au contraire, que nous offre la Suisse est tout à fait concluante (1). Quant à l'objection qu'on lui oppose en l'accusant de favoriser l'anarchie, ce n'est point là un vice particulièrement inhérent à ce système, mais qui se glisse partout dans les institutions républicaines, quand les caractères et les mœurs ne les soutiennent pas.

Maintenant, que le gouvernement soit confié à un président ou à un conseil d'État, dans l'un et l'autre cas il peut être nommé suivant divers modes. Nous avons déjà dû toucher à cette seconde question en traitant la première ; mais il convient de l'examiner à son tour. Il en jaillira de nouvelles lumières sur la précédente.

*
* *

Si le pouvoir exécutif est attribué à un président, ce

(1) Je ne me dissimule pas combien ce système s'accorde peu avec les tendances et les habitudes du caractère français ; mais on peut espérer que, sous l'influence de meilleures institutions, ce caractère se modifiera avec le temps. J'ai averti d'ailleurs que la question discutée ici ne comportait pas une solution absolue ; j'indique seulement celle qui me paraît la plus conforme à l'esprit républicain.

président de la république peut être élu ou par le suffrage universel, ou par le corps législatif issu de ce
suffrage, c'est-à-dire ou par le peuple directement, ou,
indirectement, par les représentants du peuple.

Le premier mode paraît plus rationnel et plus conforme au principe de la séparation des pouvoirs. Il
semble, en effet, que, dans une république, le choix du
chef du gouvernement doive appartenir au peuple lui-
même, et que le plus sûr moyen d'assurer l'indépendance de ce suprême magistrat, à côté du corps législatif, soit de le tirer, comme ce corps, de l'élection
populaire. Mais on court ainsi le risque de créer, en
face du pouvoir législatif, un pouvoir rival, hostile,
armé contre lui de toute la quantité de suffrages qui
s'est concentrée sur sa tête, et par là, quand il tombe
entre les mains d'un malhonnête homme, menaçant
pour la liberté. C'est, comme nous l'avons précédemment remarqué, la faute que commit la constitution de
1848. L'institution de la présidence est déjà dange-
reuse, surtout chez un peuple longtemps dominé par
la monarchie, par cela seul qu'elle remet toute la puissance exécutive à un seul personnage; que sera-ce si
ce chef du gouvernement a été élu directement par le
peuple? La France a fait une si triste expérience de
ce système qu'elle doit en être à jamais dégoûtée.

Le second mode d'élection, celui qui consiste à faire
nommer le président de la république par le corps des
représentants du peuple, amoindrit le danger que présente l'institution présidentielle : un président élu par

une assemblée nationale sera plutôt l'allié que l'ennemi
de l'assemblée qui l'a nommé. C'est donc le mode qui,
étant donné le système de la présidence, doit être pré-
féré en général. Mais il ne corrige pas complétement
le défaut de ce système, qui est de donner à un citoyen
une trop large part de pouvoir dans l'État, et de placer
ainsi la république elle-même sur la pente du gouvernement personnel. Aussi pensons-nous qu'il est plus
sage d'éviter cet écueil.

Dans le système qui attribue le pouvoir exécutif à
un comité directeur ou à un conseil d'État, les deux
modes d'élections dont nous venons de parler se représentent comme praticables, et ils sont en réalité pra-
tiqués tous les deux. Ainsi, il est tel canton de la Suisse
(le canton de Genève) où le conseil d'État, chargé
du pouvoir exécutif, est nommé directement par le
peuple, comme le corps législatif, que l'on appelle en
ce pays le *grand-conseil*, tandis que, dans d'autres cantons, c'est le grand-conseil qui nomme le conseil
d'État.

L'élection d'un conseil d'État par le suffrage universel n'expose pas la république au même danger que
celle d'un président par le même mode; mais comme
il peut arriver que les deux corps ne soient pas animés
d'un seul et même esprit, surtout s'ils ne sont pas re-
nouvelés en même temps, il en peut résulter des conflits qui, sans mettre en péril l'existence même de la
république, la divisent et la troublent.

Le second mode est donc ici encore préférable au

premier. Il a l'avantage d'écarter la principale source
des conflits qui peuvent surgir entre le pouvoir exécutif
et le pouvoir législatif et de rendre plus sûre l'harmonie des deux pouvoirs. On lui reproche, en revanche,
de placer le pouvoir exécutif dans une telle dépendance
du pouvoir législatif que ce dernier finit par absorber
complétement le premier, ce qui est contraire au principe. L'objection serait fondée si le pouvoir exécutif
était perpétuellement révocable par le pouvoir législatif;
elle cesse de l'être s'il est nommé pour le même temps,
sauf, bien entendu, le cas de forfaiture. Mais c'est là
un point qui mérite un examen spécial.

*
* *

Si l'on admet que le pouvoir exécutif, au lieu d'être
attribué à un président, sera exercé par un conseil
d'État, et que ce conseil d'État sera nommé, non par
le suffrage universel, mais par l'assemblée des représentants du peuple, une question se présente encore :
Le conseil exécutif devra-t-il être élu pour toute la
durée de l'assemblée, ou bien celle-ci pourra-t-elle le
changer quand elle le voudra?

Cette seconde solution semble la plus logique : dès
que les citoyens investis du pouvoir exécutif ne sont
plus que les ministres d'une assemblée, il paraît plus
rationnel de laisser à l'assemblée qui les élit la faculté
de les révoquer, lorsqu'ils ne lui conviennent plus.

Mais ce système a le tort de livrer le gouvernement et toutes les places qui en dépendent aux fluctuations, aux caprices, aux convoitises coalisées d'une assemblée omnipotente, et de détruire, au profit d'une nouvelle espèce de dictature, le principe salutaire de la séparation des pouvoirs.

Sans doute, le conseil exécutif doit toujours être soumis au contrôle et à la censure du conseil législatif : il lui doit compte de tous ses actes, puisqu'il est chargé d'exécuter la loi, non de la faire ; mais il lui faut cependant, comme nous l'avons dit plus haut, une certaine indépendance ou une certaine consistance pour bien remplir la mission qui lui est propre ; et cette indépendance ou cette consistance, il la perdrait absolument s'il était incessamment sous le coup d'une révocation arbitraire.

Comment, dans ce cas, pourrait-il à son tour arrêter le pouvoir législatif lorsque celui-ci attenterait à la constitution ?

Comment, en général, pourrait-il faire quelque chose de sérieux et de solide, s'il n'avait pas devant lui un certain espace de temps assuré ?

Par ces raisons, qui sont capitales, nous pensons que le conseil exécutif doit être nommé, comme il l'est en Suisse, pour le même temps que le conseil législatif. — Il va sans dire que le cas de forfaiture fait exception à la règle que nous posons ici. — Sous cette condition, la séparation des deux pouvoirs est sauvegardée, comme il convient, sans que la subordination de l'un à l'autre soit compromise, dans la mesure où elle est nécessaire.

Il nous reste maintenant à examiner de plus près les attributions du pouvoir exécutif, et à mieux déterminer par là ses devoirs et ses droits.

*
* *

La mission du pouvoir exécutif est, en général, comme l'indique son titre, d'exécuter les lois rendues par le pouvoir législatif. Cette mission même et l'harmonie des deux pouvoirs exigent, comme nous l'avons déjà remarqué, qu'il ait aussi sa part dans l'élaboration et dans la promulgation des lois qu'il est chargé d'exécuter. C'est ainsi, avons-nous dit, que le gouvernement doit avoir la faculté de présenter les lois qui lui paraissent utiles, de s'opposer à celles qu'il juge contraires à la constitution, de donner et de soutenir son avis sur toutes, etc. En s'associant par là à la production des lois, il sera mieux en état de remplir sa propre mission avec toute l'intelligence et toute la fidélité qu'elle réclame : le travail d'exécution qui lui est confié, au lieu d'être la fonction d'un instrument passif, sera l'œuvre d'un vrai coopérateur. Nous ne chercherons pas comment cette règle doit être appliquée : qu'il nous suffise ici de la rappeler; ce sont les attributions spéciales du pouvoir exécutif que nous avons maintenant à fixer.

Elles correspondent aux grands services publics auxquels un gouvernement est chargé de pourvoir.

Le premier dans la république est celui de l'instruction publique. Nous avons montré, en commençant notre étude des institutions républicaines, ce que doit être cette instruction, qui est la base même de ces institutions. Nous n'avons pas besoin de revenir sur ce point, nous dirons seulement, — ce qui concerne particulièrement le ministère chargé de la direction de ce service et tous les fonctionnaires de cet ordre, — que c'est surtout du corps enseignant que doivent être exclus, comme des fléaux, l'arbitraire ministériel et le mécanisme administratif. D'une part, la nomination des membres de ce corps doit être soumise à de sévères conditions de capacité ; et, d'autre part, il convient de laisser aux professeurs nommés suivant ces conditions un certain rôle dans l'administration de leurs écoles, colléges ou facultés. C'est dans cet esprit de garantie à la fois et de liberté qu'ont été conçus tous les projets, toutes les lois d'instruction publique enfantés par la Révolution. Il faut en revenir à cette tradition, brisée par le Consulat et l'Empire, et qui depuis n'a jamais été reprise, si l'on veut donner au corps enseignant le caractère qui convient à une société républicaine.

Est-il besoin d'ajouter que la république doit faire disparaître ce scandale, trop longtemps offert par la monarchie, d'instituteurs publics recevant un insuffisant salaire pour prix de leur labeur quotidien? Elle ne saurait permettre que ceux qu'elle charge d'in-

struire le peuple vivent misérablement et se voient me-
nacés de mourir de faim, en échange du service capital
qu'ils rendent à la société. Elle leur doit un traitement
convenable; nulle dette n'est plus sacrée, et nulle dépense mieux placée.

Les grands objets auxquels s'applique le gouvernement et qui forment les divers services ou les divers
ministères entre lesquels il se divise, sont, outre l'*instruction publique* que nous avons placée en première
ligne, comme la base même de l'édifice républicain,
les *finances;* l'*administration intérieure* et la *police générale;* les *affaires extérieures;* l'*armée* et (dans les pays
baignés par la mer) la *marine;* le *commerce* et l'*agriculture;* les *travaux publics;* la *justice.* Il serait beaucoup
trop long de faire une étude détaillée de toutes ces
branches du gouvernement; nous nous bornerons à
poser, au sujet de chacune d'elles, les règles générales
qu'un gouvernement républicain doit surtout avoir en
vue.

C'est un des devoirs et ce doit être un des bienfaits
de cette espèce de gouvernement, d'administrer les
finances de l'État avec autant de scrupule, d'ordre et
d'économie, que les gouvernements monarchiques y
ont mis en général de laisser-aller, de confusion et de
prodigalité. Les monarchies peuvent oublier d'où vient

et ce que coûte de sueur l'argent versé dans leurs tré-
sors et qu'elles gaspillent si follement; l'intérêt des
contribuables est au contraire celui des républiques, et
l'économie est une règle qui dérive de leur nature,
même. Alléger le plus possible le poids de l'impôt,
surtout à l'égard des travailleurs, et cependant pourvoir aisément à toutes les grandes dépenses qu'exige
la chose publique, tel est le double but que doit se
proposer une administration républicaine des finances.
Elle exige, avec la plus scrupuleuse probité, la plus
ingénieuse habileté. Il n'est pas besoin de dire que le
chapitre des *fonds secrets* en doit être absolument re-
tranché, puisque dans une république tout doit se faire
au grand jour.

*
* *

L'*administration intérieure* d'un État étendu et organisé comme la France ouvre forcément, même sous la
république, une large porte à l'arbitraire gouvernemental par le grand nombre de fonctionnaires, grands
ou petits, dont elle laisse la nomination et la direction
à l'autorité ministérielle. Celle-ci a sans doute, devant
le pays, la responsabilité de ses choix et de ses décisions, et tous les citoyens, par la voix de leurs représentants ou par celle de la presse, peuvent toujours lui
en demander compte; mais une responsabilité dont
l'objet porte sur une armée de fonctionnaires, surtout

de fonctionnaires dont le choix et l'avancement échappent à toute règle précise, ne saurait être une garantie suffisante contre l'arbitraire et la faveur d'un ministre ou de ses bureaux. Il y a là un vice ou un danger qu'il est impossible de faire disparaître absolument ; on peut au moins l'atténuer en restreignant, au profit des communes, des cantons et des départements, le champ de l'action ministérielle, en simplifiant les rouages administratifs, — si compliqués en France, — et en diminuant par là le nombre des fonctionnaires du gouvernement. C'est là aussi le remède qu'appelle un autre vice, qui tient au premier, et que la monarchie a singulièrement développé en France, mais qui est incompatible avec la république : *l'amour des places*, qui fait des fonctions publiques une sorte de domaine exploité par l'intérêt privé au détriment de la chose publique, que chacun prétend servir.

*
* *

La *police*, cette tâche essentielle du pouvoir exécutif, a été si indignement dénaturée par les gouvernements monarchiques, que le mot lui-même en est resté comme déshonoré. Il appartient au gouvernement républicain de rendre à ce mot, si simple et si juste dans son origine, son sens primitif, et à la chose qu'il désigne sa dignité. La police, c'est l'ordre ou le bon état dans la cité, c'est la tranquillité dans la rue, c'est l'in-

violabilité du domicile, c'est, en un mot, la sûreté de
tous les citoyens, sans distinction de fortune, de posi-
tion ou d'opinions. C'est ainsi que doit la comprendre
et la pratiquer tout gouvernement vraiment républicain.
Il n'en fera pas, à l'exemple du despotisme, un moyen
d'inquisition et de terreur, un espionnage organisé, un
instrument de tyrannie; mais il la ramènera à sa véritable mission, et s'appliquera à la rendre respectable
par le choix même des fonctionnaires qu'il y emploiera.
Ici, d'ailleurs, se représente l'observation que nous avons
faite tout à l'heure, et c'est même ici qu'il y a surtout
lieu de l'appliquer. Le pouvoir central ne doit retenir,
de l'administration et du personnel de la police, que ce
qu'exige absolument la sûreté générale du pays, en
dehors de l'action directe des communes ou des circonscriptions intermédiaires entre les communes et l'État.
S'il est une chose qui doit être laissée à celles-ci, c'est
le soin de leur propre police et le choix des fonctionnaires utiles à cet effet.

* *
*

Les *affaires étrangères* sont trop nombreuses et trop
importantes, dans un pays comme la France, pour ne
point exiger dans le gouvernement un ministère spécial. C'est à ce ministère que se rattachent et c'est de
lui que dépendent directement les représentants du
pays à l'étranger, les consuls, les ambassadeurs, tous

les fonctionnaires, de quelque nom qu'on les appelle, qui sont chargés de servir d'intermédiaires soit dans les affaires civiles, soit dans les affaires politiques, entre la puissance qu'ils représentent et celle auprès de laquelle ils sont accrédités. Malheureusement, l'état où les peuples vivent entre eux et où les maintiennent soigneusement les monarchies qui les gouvernent, a fait de ce que dans ce système on nomme la *diplomatie* une machine destinée à voiler la réalité sous l'apparence, érigeant la dissimulation en règle de conduite, — c'est un grand diplomate qui a dit que la parole a été donnée à l'homme pour déguiser sa pensée, — impuissante enfin à prévenir les sanglants conflits qui affligent l'humanité. Le système républicain, en se généralisant, transformera inévitablement les rapports des nations; il substituera le *droit international*, qui, à proprement parler, n'existe point encore, à la diplomatie, qui n'en a été jusqu'ici que le mensonge. En attendant que ce progrès se réalise, et pour en hâter l'avénement, il faut que toute république naissante répudie, dans ses relations avec les autres États, les habitudes et le langage de la politique monarchique, et que ses agents à l'étranger se montrent les dignes représentants d'un peuple libre.

*
* *

Elle modifiera dans le même sens et en vue du même but le *système militaire* dont les monarchies se sont fait

un instrument d'oppression et de conquête. Nous voudrions même que le mot de *guerre* disparût de la no-
menclature des ministères d'un gouvernement républicain. Nous ne prétendons pas contester que, dans
l'état présent des nations, un ministère ne doive être
spécialement consacré aux besoins de la défense du
pays; mais nous pensons que ce ministère ne devrait
point porter le nom du fléau même qu'il faut sans
doute être en état de combattre, mais qu'il s'agit
d'abord de conjurer. Nous examinerons à part ce que
doit être le système militaire sous un régime républicain; c'est là un point trop capital pour être traité
subsidiairement. Quant à la question de savoir à qui
appartient dans un État le droit de déclarer la guerre
et de faire la paix, cette question si grave dans une
monarchie n'a plus de sens dans une république. Il est
trop évident que c'est au peuple lui-même ou à l'assemblée de ses représentants, et non à un seul homme
ou à un conseil de ministres, qu'appartient exclusivement le droit de prendre une résolution qui met en jeu
l'existence même des citoyens et les intérêts les plus
chers de la nation.

L'*agriculture* et le *commerce* sont naturellement le
domaine des particuliers, et il semble que l'État n'ait à
intervenir ici que pour assurer la liberté du travail et

des transactions. Pourtant, comme ils sont les deux grandes sources de la prospérité d'une nation et que l'alimentation du peuple, c'est-à-dire son existence même, en dépend, il n'est pas possible que la société publique, ou le gouvernement qui la représente et la dirige, regarde ce domaine comme lui étant absolument étranger. Sans doute l'intervention de l'État a été souvent plus funeste qu'utile au développement de l'agriculture et du commerce; sans doute c'est à la liberté, à la liberté sans entraves, qu'il faut demander surtout la solution de la *question économique;* mais, — sans parler des circonstances exceptionnelles (comme celles où Paris et la France se trouvent en ce moment) (1), qui exigent des mesures exceptionnelles, — il est en cette matière des choses qui rentrent éminemment dans la mission de l'État et dans les attributions du pouvoir exécutif, comme fonder et entretenir des écoles spéciales et des établissements-modèles, favoriser les inventions utiles, encourager les bonnes productions, ouvrir des débouchés, etc. C'est une mauvaise protection que celle qui entrave le travail, sous prétexte de protéger l'industrie; mais celle qui, loin de faire obstacle à la liberté, lui fournit au contraire les moyens de s'exercer utilement et concourt avec elle à la prospérité publique, est un bienfait qu'il est juste de demander à l'État et qui doit être l'un des principaux soins de tout gouvernement républicain.

(1) Décembre 1870.

*
* *

Il est, en outre, certains travaux qui intéressent à tel point la société tout entière, la nation elle-même, et que les particuliers, ou même les communes et les départements, sont si impropres à faire ou à bien conduire, que le gouvernement a le devoir de s'en charger, ou tout au moins de les diriger et de les surveiller. Aussi les désigne-t-on sous.le nom de *travaux publics*. Tels sont les grandes voies de communication, le creusement des ports, les constructions destinées à la défense, etc. Ces travaux peuvent servir aussi, dans les temps de crise, à fournir des moyens d'existence aux ouvriers sans travail; mais ce n'est point là leur destination ordinaire. En général, l'État ne doit entreprendre d'autres travaux que ceux qu'exige impérieusement l'utilité publique, ou, suivant la règle que nous avons plusieurs fois rappelée, ceux auxquels les particuliers, les communes et les départements ne peuvent pas suffire.

*
* *

Reste le ministère de la *justice*. Il semble que le principe de la séparation des pouvoirs, qui ne s'applique nulle part plus rigoureusement qu'à l'égard de la puis-

JULES BARNI. 4

sance judiciaire, devrait exclure absolument ce service des fonctions du pouvoir exécutif, et la vérité est que les gouvernements monarchiques, en s'appuyant sur ce principe que « toute justice émane du roi », ont usurpé, là comme partout, des attributions que les gouvernements républicains doivent restituer à qui elles appartiennent. Mais, malgré cette vérité, — sur laquelle nous reviendrons en traitant du pouvoir judiciaire, — il faut reconnaître que le gouvernement a ici encore un rôle nécessaire à remplir : il est le bras du pouvoir judiciaire, comme il est celui du pouvoir législatif.

*
* *

Il est de la nature du gouvernement républicain que non-seulement tout s'y passe au grand jour et que tout y puisse être contrôlé et discuté, mais encore qu'aucun des citoyens qui exercent des fonctions publiques n'échappe à la responsabilité de ses actes. Tandis que dans l'ancien régime créé par la monarchie et renouvelé par le césarisme napoléonien, la clandestinité était partout et la responsabilité nulle part, dans le régime qu'on appelle la république, il faut que la première ne soit nulle part et que la seconde soit partout.

Les dépositaires du pouvoir exécutif, président ou ministres, sont responsables devant le corps législatif, lequel est lui-même responsable devant le peuple qui l'a nommé. L'assemblée des représentants du peuple

n'a pas seulement le droit de leur demander compte de
tous leurs actes, mais elle doit avoir aussi celui de les
mettre en accusation, lorsqu'ils foulent aux pieds la loi
qu'ils ont la mission d'exécuter.

A leur tour, tous les agents du pouvoir exécutif sont
responsables devant les ministres qui leur ont délégué
une part de leur autorité, et peuvent les révoquer s'ils
ne remplissent pas bien leur mandat, ou les mettre en
jugement s'ils commettent des abus de pouvoir.

Mais cela ne suffit pas encore : la responsabilité des
agents du pouvoir exécutif ne serait pas suffisamment
sérieuse s'ils ne dépendaient que de l'administration
qui les choisit et leur donne des ordres, et qui, soit
faiblesse, soit connivence, pourrait fermer les yeux sur
leurs fautes. Tout citoyen doit avoir le droit de poursuivre devant les tribunaux tout agent de l'autorité
qui use de son pouvoir pour attenter à la liberté que
ce pouvoir est destiné à protéger, par exemple tout
fonctionnaire qui commet ou ordonne une arrestation
illégale, une arbitraire perquisition du domicile, une
violation du secret des lettres. Sans cette garantie,
la liberté et les droits les plus inviolables des citoyens
sont à la merci de l'administration et de ses agents.

Un article de la constitution issue du 18 brumaire,
le fameux article 75, maintenu jusqu'à nos jours, dé-
clarait que « les agents du gouvernement, autres que
les ministres, ne peuvent être poursuivis pour des faits
relatifs à leurs fonctions qu'en vertu d'une décision
du conseil d'État. » C'était une loi digne de figurer

dans ce code du despotisme dont Bonaparte a été le
restaurateur. La condition à laquelle elle soumettait
les poursuites contre les agents du gouvernement an-
nulait par le fait le droit qu'elle paraissait laisser aux
citoyens. Il était dérisoire de renvoyer devant le
Conseil d'État, c'est-à-dire devant l'administration,
ceux qui ont des poursuites à exercer contre les agents
de l'administration.

La république, rétablie par la révolution du 4 septembre, ne pouvait laisser subsister un article derrière
lequel le second Empire, après le premier, s'était si
scandaleusement abrité. Elle l'a sagement abrogé par
un décret en date du 19 septembre 1870.

Passons maintenant au pouvoir judiciaire.

VIII

LE POUVOIR JUDICIAIRE

Les lois règlent d'une manière générale les rapports
civils des membres de la société; mais les intérêts diver-
gents et les prétentions opposées des particuliers sou-
lèvent inévitablement, au sujet de leur application, des
conflits qui appellent l'intervention de magistrats chargés de les interpréter et de prononcer entre les parties.
D'un autre côté, les lois, même les plus sacrées, comme
celles qui commandent le respect de la vie et de la pro-

priété, ne sont pas obéies de tous, par cela seul qu'elles
sont écrites dans le code, en même temps que gravées
dans la conscience, et qu'elles édictent des peines contre ceux qui les violeraient ; des infractions à ces lois,
des délits ou des crimes se commettent dans la société,
qui exigent aussi l'intervention de cours ou de tribunaux institués pour en poursuivre les auteurs et procéder à leur jugement.

De là naît la nécessité d'un troisième pouvoir de
l'État, dont la mission est de *juger*, soit les différends
qui peuvent s'élever, dans l'application des lois, entre
les particuliers, soit les infractions qui peuvent y être
faites ; et c'est ce que l'on nomme, pour cette raison,
le *pouvoir judiciaire*.

Comme ce pouvoir est appelé à prononcer sur la propriété, l'honneur, la liberté des citoyens, même dans
certains cas sur leur vie (si l'on admet la peine de mort,
question que nous réservons), il est nécessaire qu'il soit
absolument indépendant, pour être absolument impar-
tial ; et c'est pourquoi il doit être, comme nous l'avons
dit, entièrement séparé des deux autres, séparé du
pouvoir législatif, qui, faisant la loi, doit laisser à
d'autres le soin de l'appliquer, et séparé du pouvoir
exécutif, ou du gouvernement, qui, en tenant la justice dans sa main, lui enlèverait l'indépendance dont
elle a besoin.

Voyons quelles conséquences sortent du même principe relativement à la constitution du pouvoir judiciaire. Il n'y a pas, comme le remarquait Montesquieu,

de sujet plus grave et qui mérite davantage d'attirer l'attention du législateur.

*
* *

Les questions que le pouvoir judiciaire est appelé à résoudre sont de telle nature dans certains cas,— quand, par exemple, il s'agit de décider de la culpabilité d'un accusé, c'est-à-dire de l'honneur, de la liberté ou de la vie d'un citoyen, — que la société ne saurait abandonner à des fonctionnaires spéciaux, à des juges attitrés, quelque indépendants qu'on les suppose, le droit de les trancher. D'une part, par cela seul que les juges sont des fonctionnaires de l'État, ces fonctionnaires fussent-ils nommés par l'élection, leur indépendance n'est jamais absolue, ou au moins elle reste toujours suspecte : ils sont ou paraissent toujours plus ou moins sous la domination du pouvoir ou de ceux de qui ils tiennent leur place et espèrent leur avancement. D'autre part, l'habitude de juger des accusés, le plus souvent coupables, dispose naturellement les juges à ne plus voir que des coupables dans tous les accusés. Enfin, il répugne que la fonction de juger ses semblables puisse devenir une sorte de métier ; elle ne doit être qu'une mission passagère de citoyens désignés pour remplir cette pénible tâche et rentrant, après l'avoir accompli, dans les rangs de leurs concitoyens. Ces diverses considérations expliquent la raison de cette institu-

tion tutélaire qu'on appelle le *jury*, qui est en usage
chez tous les peuples libres et que toute vraie république doit, non-seulement conserver, mais étendre.

Le jury, en effet, c'est le peuple intervenant lui-même
directement dans les jugements d'où dépendent l'honneur, la liberté ou la vie des siens. Formé de quelques
citoyens tirés au sort entre tous, — entre tous ceux du
moins qui remplissent certaines conditions de capacité
fixées par la loi, — et se renouvelant à chaque session
convoquée pour juger une affaire ou un petit nombre
d'affaires déterminées, il prononce, au nom du peuple
dont il est le délégué, sur la culpabilité des accusés
soumis à son verdict ; le juge n'a ici d'autre rôle que
de diriger les débats et d'appliquer la loi en conséquence du verdict rendu par le jury. Ainsi les accusés
sont jugés, non par des fonctionnaires, mais par de
libres citoyens, pris au hasard, venus au tribunal sans
attache officielle, sans habitude de métier, sans aucun
autre intérêt que celui de la chose publique, et pronon-
çant leur jugement dans toute la liberté de leur conscience. Le jury, que Napoléon Ier a voulu représenter
comme une institution féodale, est une des plus pré-
cieuses garanties que l'État puisse laisser aux citoyens.

On lui reproche de n'être pas toujours composé
d'hommes suffisamment éclairés ; mais la loi doit exclure ceux qui sont incapables d'exercer cette fonction,
ceux, par exemple, qui ne savent ni lire, ni écrire.
C'est là d'ailleurs un défaut que le gouvernement républicain doit corriger de plus en plus, en répandant et

en élevant de plus en plus l'instruction dans tous les rangs de la société.

La nécessité de l'intervention du jury dans les causes *criminelles* n'est plus aujourd'hui contestée par personne ; mais cette institution ne devrait-elle pas être appliquée aussi en matière de *police correctionnelle ?* Sans doute, puisque là aussi il s'agit de l'honneur et de la liberté des citoyens. On objecte la multiplicité des affaires, le grand nombre de jurés qu'elle exigerait, et le dérangement qui en résulterait pour les particuliers ; mais ces difficultés pratiques ne sont pas insurmontables, et elles s'effacent devant la grandeur des intérêts en jeu.

Ne conviendrait-il même pas de l'étendre aux affaires *civiles ?* On l'applique déjà avec succès au règlement des indemnités dans les questions d'expropriation pour cause d'utilité publique ; pourquoi ne l'appliquerait-on pas également, au moins d'une manière facultative, à ces procès où les biens, le sort et l'honneur même des familles sont en question ?

*
* *

Quelque application que l'on fasse de l'institution du jury, des magistrats spéciaux sont toujours nécessaires, ne fût-ce que pour instruire les procès, diriger les débats, appliquer la loi, etc. Comment ces magistrats seront-ils nommés ? C'est là une question qui a plus ou

moins d'importance, suivant que l'on étend plus ou
moins les attributions de la magistrature, mais qui est
grave et délicate en tout cas. Le grand point est
d'avoir des magistrats indépendants et capables ; or il
est difficile de trouver un mode de nomination qui
assure à la fois d'une manière complète leur indépen·
dance et leur capacité.

Fera-t-on nommer les magistrats par le pouvoir exécutif? On les place ainsi sous la dépendance du gouvernement. L'inamovibilité n'est pas, dans ce cas, une
garantie suffisante ; on sait assez, par l'exemple des
monarchies et particulièrement par celui du régime
impérial qui a trop longtemps pesé sur la France, combien peu cette garantie assure l'indépendance des magistrats. C'étaient des magistrats inamovibles, ceux dont
on a pu dire justement, en retournant un mot célèbre,
qu'ils rendaient, non des arrêts, mais des services. Un
gouvernement républicain, à moins d'être tout à fait
indigne de ce nom, n'altère jamais à ce point la magistrature ; mais tout gouvernement est naturellement
enclin à choisir suivant ses vues particulières tous les
fonctionnaires qu'il a le droit de nommer, et à les
traiter comme des agents de sa politique, de telle sorte
que, même sous la république, l'indépendance des
magistrats est compromise ou devient suspecte, par
cela seul qu'ils doivent leur nomination au pouvoir
exécutif.

Les fera-t-on nommer par le pouvoir législatif? Ce
serait livrer leur élection aux influences de l'esprit de

parti, et porter atteinte, d'une autre manière, à la règle, si nécessaire ici, de la séparation des pouvoirs. Ce mode de nomination, d'ailleurs, praticable dans une petite république, comme celle de Genève, ne l'est plus dans un grand État, comme la France.

Attribuera-t-on au suffrage universel le soin d'élire les magistrats ? On retrouverait jusque dans ce mode le danger que nous avons signalé dans le précédent, celui de l'intervention de l'esprit de parti dans des choix qui doivent être impartiaux, comme les magistrats mêmes qu'il s'agit de nommer. En outre, il serait à craindre que ces choix ne tombassent souvent sur des hommes incapables de bien remplir le difficile mandat qui leur serait confié. Pour discerner ici la capacité, que ne garantiraient pas toujours complétement des conditions de grade ou d'examen, il faut des connaissances spéciales qui ne sont pas données à tout le monde. Enfin il y a lieu de se demander si, indépendamment de l'esprit de parti, le suffrage universel lui-même assurerait suffisamment l'indépendance des magistrats en face de leurs électeurs ou au moins des plus influents d'entre eux.

Restreindra-t-on le suffrage à une certaine catégorie de citoyens, les avocats, les avoués, les notaires, etc. ? L'indépendance des magistrats ainsi nommés serait encore bien moins assurée vis-à-vis du petit groupe de ceux qui seraient appelés à les élire et qui, mieux éclairés sans doute que la masse des citoyens, seraient en revanche moins dégagés de tout intérêt particulier dans les questions qu'il est du ressort des tribunaux de décider.

Laissera-t-on enfin au corps des magistrats, ou aux diverses fractions de ce corps, le soin de pourvoir elles-mêmes au choix de leurs membres, de telle sorte, par exemple, que les juges de première instance nomme-raient ceux des cours d'appel, et ceux-ci les magistrats de la cour de cassation? On sait combien les corps qui se recrutent eux-mêmes contractent aisément l'esprit de coterie, et l'esprit de coterie n'est pas moins con-traire à l'esprit républicain que l'esprit de parti.

On voit combien il est difficile de trouver un mode de nomination qui assure pleinement l'indépendance des magistrats en même temps que leur capacité. Nous pensons cependant que le principe électif, soumis ici à certaines conditions spéciales, outre qu'il est le plus conforme à la logique républicaine, est aussi celui qui convient le mieux au but qu'il s'agit d'atteindre. Nous tirons d'ailleurs de la difficulté même que nous venons d'indiquer un argument en faveur de la nécessité de restreindre les attributions de la magistrature et d'éten-dre celles du jury. Plus le jury, c'est-à-dire en somme le peuple, reprendra de puissance judiciaire, plus sera simplifiée la question de la nomination des magistrats.

*
* *

Il est un ordre de juges dont le despotisme napoléo-

nien a indignement dénaturé le noble et bienfaisant
caractère, mais qui, rendu à sa vraie mission et à sa
vraie origine, forme la magistrature républicaine par
excellence; nous voulons parler de cette classe de magistrats qu'on a si admirablement nommés des *juges de
paix*.

« Représentez-vous un magistrat qui ne pense, qui
n'existe que pour ses concitoyens. Les mineurs, les
absents, les interdits font l'objet de ses sollicitudes.
C'est un père au milieu de ses enfants. Il dit un mot,
et les injustices se réparent, les divisions s'éteignent,
les plaintes cessent. Ses soins constants assurent le
bonheur de tous. Voilà le juge de paix. »

Ainsi le définit le rapporteur de la loi de 1790,
Thouret.

Le rôle de juge de paix est, en effet, comme son titre
l'indique si bien, de ramener la concorde entre les
particuliers en réglant leurs différends au moyen d'un
arrangement à l'amiable qui prévient et éteint les procès. Il va au-devant de la Justice et s'applique à rendre
son action inutile : éclairées par lui sur leurs véritables
intérêts, les parties comprennent qu'un arrangement,
ne les satisfît-il pas complétement, vaut mieux qu'un
procès dont la marche est nécessairement lente, l'issue
toujours douteuse, les conséquences peut-être désas-
treuses, et elles renoncent à recourir à la voie des
tribunaux. Le juge de paix est le *juge de la conciliation*.

C'est surtout dans les campagnes, où les inconvénients
des contestations en justice sont encore aggravées par

l'éloignement des tribunaux et où le démon de la chicane exerce pourtant aussi ses tentations, que se font sentir les bienfaits de l'intervention conciliatrice des juges de paix. Mais, si leur rôle est plus effacé dans les villes, où l'on a en quelque sorte les tribunaux sous la main, la justice de paix n'en offre pas moins à tous les citoyens un moyen expéditif, commode et salutaire de terminer leurs différends, et y ils recourront de plus en plus à mesure qu'ils contracteront davantage les mœurs républicaines.

La mission des juges de paix ne consiste pas seulement, d'ailleurs, à concilier, mais ils sont aussi revêtus d'une véritable juridiction pour tous les procès civils de minime importance et pour toutes ces infractions à la loi pénale qu'on appelle des *contraventions*. Cette juridiction est si utile qu'il faut bien plutôt l'étendre que la restreindre. Nous arrivons ici à une conclusion opposée à celle que nous avons indiquée au sujet des autres magistrats. C'est qu'il s'agit maintenant, comme nous l'avons dit tout à l'heure, de la magistrature républicaine par excellence.

Mais, pour qu'elle garde ce caractère, deux choses sont nécessaires. La première, c'est qu'elle se renferme strictement dans la mission de conciliation et de justice civile qui lui est propre, et qu'elle ne devienne pas, comme elle l'était sous l'Empire, un instrument de domination et de corruption entre les mains du gouvernement. La seconde, qui est elle-même la condition de l'indépendance des juges de paix en face du pou-

voir, c'est qu'ils soient élus par chaque canton, soit
par un conseil cantonal, soit par l'ensemble des citoyens.

C'est aussi ce qu'avait décrété la loi de 1790. Ainsi
sur ce point, comme sur presque tous les autres, la France
n'a qu'à reprendre les traditions de la Révolution, et à
refaire ce qu'a défait le génie malfaisant de Bonaparte (1).

*
* *

La justice ne doit pas faire payer ses arrêts, cela va
sans dire quand on parle d'un État républicain. En ce
sens, elle doit être gratuite. Ce principe est bien admis
en France depuis 1789 : la Révolution a supprimé les
épices que les juges recevaient des parties; mais les
droits de timbre et d'enregistrement qui frappent les
pièces dont la production est exigée et tous les actes
judiciaires (sans parler des honoraires dus aux hommes
de loi, avoués et avocats), rendent les procès si onéreux
qu'ils mettent les personnes pauvres dans l'impuissance
de les affronter. Que devient, dans ce cas, l'égalité des citoyens, cette règle fondamentale de toute société démocratique? Une réforme est donc ici nécessaire : il faut,
d'une part, simplifier les procédures, beaucoup trop

(1) Ici s'arrête la partie de ce Manuel qui a été publiée dans le
Bulletin de la République. Ce qui suit a été rédigé depuis les évé-
nements qui ont mis fin à ce Bulletin.

compliquées, et, d'autre part, dégrever ou supprimer
les droits qui s'appliquent aux actes judiciaires. Maintenant cette réforme doit-elle aller jusqu'à faire que
les procès ne coûtent absolument rien à ceux qui les
soutiennent, et est-ce en sens qu'il faut entendre la
gratuité de la justice, réclamée par certains démocrates?
Il faudrait alors que, non-seulement les magistrats,
mais tous les hommes de loi, les avoués et les avocats,
fussent rétribués par la société, ce qui serait pour elle
une lourde charge de plus, et ce qui aurait d'ailleurs le
grave inconvénient d'encourager un vice déjà trop ré-
pandu : l'amour des procès ou la manie de la chicane.
Tout ce que la république pourrait faire raisonnable-
ment serait de mettre à la disposition des pauvres, dans
les cas nécessaires, des avoués ou des avocats, chargés
de soutenir leurs procès devant les tribunaux. Comme il
y a les médecins des pauvres, pourquoi n'y aurait-il
pas aussi les avocats des pauvres? Nous n'y voyons
qu'une objection : c'est qu'ici la maladie (la manie
dont nous venons de parler) courrait le risque d'être
créée ou développée par le médecin lui-même.

IX

LES PEINES.

Les droits de chacun, ou les lois qui les consacrent,
ne seraient pas sûrement respectés si une sanction
pénale ne s'attachait à ces lois et n'était appliquée à

ceux qui sont convaincus de les avoir violées. C'est là
une nécessité à laquelle le régime républicain lui-
même ne peut se soustraire, mais qui lui impose des
devoirs que plus qu'à tout autre il lui appartient de
remplir.

Le premier de ces devoirs est de travailler à restreindre de plus en plus la triste nécessité de recourir à la
peine. Si, en effet, la pénalité est un élément nécessaire
de l'ordre public, elle en est toujours un élément brutal,
puisque, comme menace, elle s'appuie, non sur le
mobile de la moralité, mais sur celui de la crainte ou
de la contrainte matérielle, et que, comme exécution,
elle inflige le malheur, et le plus grand de tous, la
perte de la liberté, sinon de la vie, à des créatures
humaines, coupables sans doute, mais trop souvent
égarées par les vices de leur éducation et par les sug-
gestions de la misère (1). La république devra donc
s'appliquer à faire que cet élément devienne de moins
en moins nécessaire, en refoulant de plus en plus les
principales sources du crime : l'ignorance et la misère.
L'*idéal* serait un état de société où, comme dans la
république de Platon, la peine ne figurerait même plus
dans la loi. Si cet idéal ne peut être entièrement réalisé, toute république digne de ce nom doit tendre à
s'en rapprocher de plus en plus. Le meilleur moyen est
l'instruction du peuple. Plus il y aura d'écoles, moins
il y aura besoin de prisons.

(1) Voyez mon livre *La morale dans la démocratie*, p. 195.

*
* *

Un second devoir est de faire tourner la peine à l'amendement des condamnés. La pénalité n'a sans doute point son principe, comme on l'a souvent prétendu, dans la *nécessité morale de l'expiation* : l'unique raison de son institution, — et ce qui seul fait sa légitimité, — c'est de réprimer, par la menace ou par l'application de certaines peines, les actes contraires au droit et à la loi qui le consacre, et de protéger ainsi le droit lui-même (1); mais, puisque la société est forcée de recourir aux peines, elle doit, par respect et amour de l'humanité, en même temps que dans son propre intérêt, faire en sorte (si difficile que cela soit) qu'elles servent à l'amélioration des coupables et que ceux-ci puissent un jour rentrer dans son sein, corrigés et inoffensifs.

Aussi toute peine doit-elle être *rémissible*. Il ne faut écrire sur les portes d'aucune prison ce que lut Dante sur celles de l'enfer : *Vous qui entrez ici, laissez toute espérance ;* mais plutôt le mot que les prisonniers de Gênes portaient inscrit sur leurs fers : *Libertas.* La liberté doit être en effet montrée au prisonnier comme une espérance dont il dépend de lui de faire un jour une réalité (2).

(1) Conf. *La morale dans la démocratie*, p. 179 et suiv.
(2) *Ibid.*, p. 194.

Il suit de là qu'à côté du droit de frapper les coupables, la république doit conserver celui de leur faire
grâce, lorsqu'ils l'ont mérité. C'est à tort qu'un illustre
publiciste, Beccaria, qui a tant concouru d'ailleurs à la
réforme du système pénal, si barbare, de l'ancienne
société, s'est élevé contre le droit de grâce. Ce droit
était sans doute un abus quand la rémission de la peine
dépendait de la rencontre fortuite ou de la faveur du
prince ; mais, exercé régulièrement par un pouvoir
compétent, qui ne l'applique qu'à raison du repentir
et de l'amendement des coupables, il est tout à fait en
harmonie avec les principes du régime républicain.
C'est surtout dans les républiques que la société, une
fois ses nécessités satisfaites, ne doit pas se montrer
impitoyable.

*
* *

Dans une société vraiment humaine, telle que doit
être toute république, les peines doivent toujours être
modérées. Il ne faut pas sans doute qu'elles soient telle-
ment douces qu'elles manquent leur effet : leur destination même veut qu'elles soient *exemplaires ;* mais la
société ne doit pas dépasser le minimum de ce qu'exige
la nécessité sociale à laquelle elles ont pour but de
satisfaire. Tout ce qui est au-delà est barbare.

Cette vérité, grâce à Beccaria et à toute la philosophie
du xviiiᵉ siècle, est aujourd'hui assez généralement ad-

mise, mais elle appelle encore bien des réformes dans la pratique. Le code pénal rédigé sous l'Empire conserve, malgré les amendements qui y ont été depuis successivement apportés, de nombreux vestiges de l'antique barbarie, et certains systèmes pénitentiaires, inventés par la philanthropie moderne, le système cellulaire, par exemple, n'ont souvent fait qu'empirer inutilement le misérable état des condamnés. Il est du devoir de la république d'effacer ces traces et de corriger ces erreurs. Le meilleur système pénal est sans doute difficile à trouver, mais c'est une obligation pour la république de le chercher ; et, suivant la parole de l'Evangile, si elle le cherche, elle le trouvera.

*\
* *

Si le condamné a toujours droit à la pitié, celui qui n'est encore qu'accusé ne doit point être traité comme un condamné : tant que la condamnation légale n'a pas été prononcée contre lui, *il doit être présumé innocent* et traité conformément à ce principe. Il ne pourra donc être arrêté que suivant certaines formes, sans lesquelles la liberté des citoyens serait à la merci des agents du pouvoir ; il devra être interrogé immédiatement ; s'il n'est mis tout de suite hors de cause, il devra être remis en liberté sous caution, toutes les fois que sa détention préalable ne sera pas jugée nécessaire, soit pour l'empêcher de fuir et de se soustraire à la justice,

soit pour l'instruction du procès ; retenu en état d'arrestation, il ne devra subir d'autres rigueurs que celles
qu'exige la mesure de précaution prise à son égard : il
est surtout inique de faire de sa prison un moyen de
torture destiné à lui arracher l'aveu du crime qui lui
est imputé, et c'est pourtant là une barbarie qui n'a
pas tout à fait disparu avec l'ancien régime ; tous les
moyens de se défendre contre l'accusation dont il est
l'objet doivent lui être laissés ou même fournis, et c'est
pourquoi, sauf quelques cas d'absolue nécessité, qui
doivent toujours être exceptionnels, il ne sera point
mis au secret absolu ; traduit devant le tribunal, quelque fortes charges qui pèsent sur lui, il y devra être
protégé par les principes tutélaires que nous venons de
rappeler et qu'oublient trop souvent les juges et les
organes du ministère public (1) ; acquitté, il a droit,
au moins dans certains cas, à une indemnité pour le
préjudice qui lui a été causé. Ce dernier point, parfaitement compris par le génie de la Révolution, avait été
décrété par la Convention nationale ; mais il a disparu,
comme tant d'autres, dans la réaction qui a suivi. La
nouvelle République devra tenir à honneur de reprendre à cet égard la tradition de son aînée.

*
* *

Maintiendra-t-elle la peine de mort ?

(1) Conf. *La morale dans la démocratie*, p. 189-190.

Non, parce que la peine de mort est *irréparable*, et que la justice humaine est toujours *faillible* (1).

Non, parce que la peine de mort enlève aux condamnés la faculté de s'amender, et qu'elle est ainsi contraire au but que toute peine doit se proposer dans une société morale et par conséquent vraiment républicaine.

Non, parce que la peine de mort offre au peuple un spectacle inhumain et barbare, qui n'excite que trop sa curiosité, et qu'elle l'accoutume à la cruauté, dont il faudrait au contraire étouffer en lui tous les germes.

Il est d'ailleurs démontré que la peine de mort n'a point l'efficacité qu'on lui attribue. Sur 167 condamnés qu'un aumônier de Bristol avait accompagnés à l'échafaud, 161 avaient assisté à des exécutions capitales. De nombreuses observations recueillies d'autre part confirment cette décisive expérience (2). Aussi bien, dans les pays qui ont aboli la peine capitale, ne voit-on pas que le nombre des crimes ait augmenté et que la vie humaine soit moins respectée.

On ne saurait donc invoquer ici l'argument suprême de la nécessité, qui seul pourrait justifier la peine de mort, comme une application du droit de légitime défense, et dès lors les raisons que nous venons de rappeler conservent toute leur force.

Ne tuez personne, mais instruisez et moralisez tout

(1) Conf. *La morale dans la démocratie*, p. 208.
(2) *Ibid.*, p. 206.

le monde. Voilà quelle doit être la règle de conduite
des républiques. Il faut qu'elles rompent la chaîne
sanglante que leur lèguent les traditions monarchiques,
pour renouer celle de l'humanité.

X

LES RÉCOMPENSES PUBLIQUES

Convient-il, dans une république, d'instituer, à côté
des peines, des récompenses publiques ?

Il y a des actes que la société fera toujours bien de
récompenser d'une manière spéciale, parce, qu'elle
s'honore elle-même en les honorant et qu'elle excite
par là une émulation salutaire. Tels sont ceux par lesquels un homme expose sa vie pour sauver celle d'un
de ses semblables, ou bien certains actes de bravoure
accomplis sur le champ de bataille. Mais ces récompenses ne doivent s'appliquer qu'à des actes d'un dévouement éclatant, extraordinaire; car ce n'est qu'à
cette condition qu'elles conserveront une haute valeur
et ne courront pas le risque d'être avilies. Il ne faut
pas non plus qu'elles constituent, pour ceux qui en
sont l'objet, ce que l'on a nommé, d'une façon si carac-
téristique, mais si contraire à l'esprit républicain, des
décorations, et qu'elles rétablissent, par l'institution
d'une sorte d'ordre chevaleresque, l'inégalité entre les

citoyens que la mission même de la république est d'effacer. Une médaille commémorative, une pièce d'argenterie, une arme d'honneur, dans certains cas même une pension, décernée solennellement au citoyen que l'État ou la commune croit devoir récompenser, voilà les seules récompenses qui soient dignes d'une république et qu'admettent les pays républicains, comme la Suisse et l'Amérique.

La République française devra donc rejeter cette institution de la *Légion d'honneur* que fonda, en vue de l'Empire, le génie machiavélique de Bonaparte, et que ses successeurs sur le trône ont exploitée à leur tour comme un puissant moyen de règne. On sait quel scandaleux usage en a fait le dernier Empire. Ces hochets, comme les appelait Napoléon lui-même (1), ces hochets que certains citoyens portent sur leur habit pour se distinguer des autres, cette hiérarchie de grades honorifiques (chevaliers, officiers, grands officiers, commandeurs), cet ordre de chevalerie, en un mot, c'est là l'accompagnement naturel des monarchies; mais quoi de plus déplacé dans une république? La vanité, il est vrai, s'en accommode si bien que l'institution, repoussée au début par l'esprit de la Révolution (2), a poussé des racines qu'il n'est pas aisé aujourd'hui d'arracher; mais il faudrait desespérer de l'avenir de la république chez un peuple qui ne saurait pas s'affranchir de la manie des décorations.

(1) Voyez mon livre *Napoléon et son historien M. Thiers*, p. 69.
(2) *Ibid.*, p. 70.

XI

L'ARMÉE.

Dans l'état actuel de l'humanité et des rapports
entre les divers peuples, la force armée n'est pas moins
nécessaire aux républiques qu'aux monarchies : elle
leur est nécessaire pour faire respecter et pour défendre au besoin, à l'intérieur, l'ordre, c'est-à-dire la
loi, et, à l'extérieur, l'intégrité du sol ou l'indépendance nationale. Mais il est évident que l'armée ne doit
pas être dans une république ce qu'elle est dans les
monarchies, surtout dans les monarchies despotiques.

Dans celles-ci, l'armée forme un corps à part, dis-
tinct du reste de la nation, animé d'un esprit qui est
tout le contraire de l'esprit civique, tel en un mot que
l'exige le gouvernement dont elle est le principal ou
même l'unique appui. Placez-la dans les mains d'un
César : elle ne sera bientôt plus qu'une garde préto-
rienne, et elle finira par devenir impuissante même à
défendre le sol de la patrie contre l'invasion étrangère.
Dans une république, au contraire, l'armée se confond
avec la nation elle-même ; elle n'est autre chose que le
peuple sous les armes. Là, comme le demandait Dide-
rot (1), chaque citoyen doit avoir deux habits : l'habit

(1) Voyez mon *Histoire des idées morales et politiques en France
au dix-huitième siècle*, t. II, p. 370.

de son état et l'habit militaire. Une armée de citoyens, où ce que l'on appelle une *milice nationale*, voilà l'armée des républiques. Celle-là ne tournera jamais ses armes contre les libertés publiques, et elle sera toujours un ferme boulevard contre l'ennemi du dehors.

La république appellera donc sous les drapeaux tous les citoyens indistinctement, sauf ceux qu'un autre service public ou des circonstances tout à fait exceptionnelles dispensent forcément du service militaire; elle n'en admettra aucun à se racheter de ce service : il faut que chacun, riche ou pauvre, paye ici de sa personne. Elle repoussera donc la conscription et le remplacement.

Mais, si elle doit rendre le service militaire obligatoire pour tous, il faut aussi qu'elle le combine de telle sorte qu'il n'entrave la carrière et l'avenir de personne. Il importe, sans doute, de faire de bons soldats, mais il n'importe pas moins de ne pas arracher trop longtemps les particuliers à leur famille, à leur état, à leur avenir. La durée du service effectif ou du casernement sera donc très-limitée, tout juste ce qu'exigent l'apprentissage des armes et les besoins de la défense; passé ce temps, les citoyens, rendus à eux-mêmes, formeront des réserves qui pourront être astreintes à des exercices périodiques et même à certains services locaux (comme la garde des cités), mais qui ne pourront plus être appelées au dehors que dans des circonstances extraordinaires.

C'est encore une des conditions de toute armée républicaine que les grades et l'avancement, au lieu de dépendre de la faveur, ne soient accordés qu'au mérite constaté par de sérieux examens' ou par des services parfaitement reconnus. Il n'y a pas de pire fléau pour une armée, comme pour la société en général, que le favoritisme. Il dégrade les caractères, décourage les hommes de cœur, prépare les désastres.

Les grades, dans une armée civique, doivent-ils être donnés à l'élection? Ce mode semble le plus conforme à la logique des principes démocratiques, mais il a l'inconvénient d'énerver la discipline, cette condition vitale de tout système militaire, en soumettant les chefs à leurs subordonnés. Le favoritisme qui vient d'en bas n'est pas moins funeste que celui d'en haut. Il faut que les grades et l'avancement soient distribués de telle sorte que la règle et la justice y président autant que le comportent les choses humaines.

L'instruction ne doit pas être, d'ailleurs, le privilége exclusif des officiers ; mais il est nécessaire que tous les soldats en aient leur part, et nous ne parlons pas ici seulement de l'instruction militaire, mais de ces connaissances générales dont tout citoyen doit posséder les éléments. Cette condition sera naturellement remplie dans une république où l'instruction élémentaire sera donnée à tous (voyez plus haut, p. 16) ; mais comme celle que les enfants reçoivent dans leurs écoles est nécessairement très-bornée et que la vie de caserne offre des loisirs qui, inoccupés, engendrent les plus fâcheuses habitudes, la république fera bien d'introduire l'école

dans la caserne, afin d'y continuer, en occupant ces
loisirs, l'instruction des citoyens qu'elle retient sous les
drapeaux. Ce sera autant de gagné sur la paresse et
l'ignorance.

Tel est, en général, l'esprit suivant lequel le système
militaire doit être constitué dans la république. Le
soldat et le citoyen doivent s'y confondre sans que la
discipline puisse en souffrir. Celle-ci exige sans doute
une pénalité spéciale et plus sévère que partout ailleurs,
mais le code fait tout exprès pour une armée qui ne
devait avoir rien de civique, ce code barbare ne peut
plus convenir à une armée de citoyens, et il doit être
réformé dans le même sens que l'armée elle-même.

XII

LA SÉPARATION DE L'ÉGLISE ET DE L'ÉTAT.

Une Église est une société embrassant les sectateurs
et les ministres d'un certain culte, comme le culte
catholique, tel ou tel culte protestant, le culte israé-
lite, etc. Or le culte ou la religion est une chose qui
relève exclusivement de la concience, du for intérieur
de chacun, et que nulle autorité publique n'a le droit
d'imposer à ceux qui ne l'admettent pas. Il suit de là
qu'il ne doit pas y avoir de *religion d'État*, puisque la
proclamation d'une religion d'État est une atteinte à la
liberté de conscience; et il s'ensuit aussi que l'État ne

doit reconnaître et protéger particulièrement aucune
Église; même sans l'imposer à titre de religion d'État,
puisqu'il empiéterait encore par là sur le domaine de la
conscience en marquant de son sceau ce qui doit être
absolument réservé à la liberté de chacun et en forçant
les dissidents à contribuer aux frais de cultes qu'ils ne
reconnaissent pas. La seule chose que l'État ait à faire
ici, c'est de protéger également la liberté de tous. La séparation de l'Église et de l'État est donc le seul système qui soit conforme au droit de chacun et par
conséquent au droit public.

On reproche à ce système de désintéresser l'État
d'une chose qui intéresse éminemment la société tout
entière. Mais on ne saurait nier que l'État, en intervenant dans le domaine de la religion, soit pour la soutenir, soit pour la régler, n'attente à la liberté de la
conscience; et la religion elle-même, en ce qu'elle a
de légitime et de salutaire, n'a qu'à gagner à se déta-
cher de tout lien gouvernemental. Le sentiment religieux se dégrade en revêtant un caractère politique;
il n'y a rien de moins religieux que les religions offi-
cielles. Que si une religion ne pouvait plus vivre que
par la grâce de l'État, c'est qu'elle ne mériterait plus
de vivre.

En réclamant pour l'Église, ou mieux pour les Églises,
une séparation d'avec l'État qui assure leur indépendance et par là leur dignité, il va sans dire que nous
n'entendons nullement que cette séparation puisse jamais aller jusqu'à leur donner le droit de former un

État dans l'État. La liberté qui leur est due est celle qui est compatible avec la liberté de tous les citoyens ; toute autre cesserait d'être légitime. Il suffira donc que l'État remplisse ici exactement son rôle, qui est de maintenir l'accord de la liberté de chacun avec celle de tous, c'est-à-dire le respect du droit commun, pour que le danger soit écarté. Ainsi l'Église, tout en jouissant de la liberté dont elle a besoin et à laquelle elle a droit, n'opprimera celle de personne. C'est en ce sens qu'il faut comprendre la nouvelle formule par laquelle on a traduit le système de la séparation de l'Église et de l'État : « l'Église ou les Églises *libres* dans l'État *libre*. »

Est-il nécessaire d'ajouter qu'en établissant ce système et en supprimant, ce qui en est la conséquence nécessaire, le budget des cultes, la république devra tenir compte des situations acquises sous le régime qui a été la loi du pays, et, en transformant radicalement l'état des choses, ménager les intérêts des personnes. Il serait injuste et impolitique d'agir autrement. En général, si le devoir de l'État est d'empêcher l'Église de se faire oppressive, il doit aussi éviter tout ce qui peut lui donner à lui-même un air persécuteur. Il faut surveiller d'un œil vigilant et réprimer d'une main ferme les abus, si redoutables, de la puissance ecclésiastique ; mais il y a là aussi un ordre de sentiments et d'intérêts qu'il faut traiter avec délicatesse.

XIII

L'ASSISTANCE PUBLIQUE.

Le premier devoir de la république est d'assurer la liberté de tous ses membres, de telle sorte que chacun puisse user de ses propres facultés avec une entière indépendance et en tirer ainsi tout ce qu'elles peuvent donner. Cette liberté n'est pas seulement l'intérêt de l'individu, elle est aussi celui de la société tout entière : elle est la condition de son développement et de sa prospérité. Toutefois le rôle de l'État ne peut être purement négatif : le lien qui unit les citoyens lui crée des obligations positives qui ont directement pour but leur bien commun et sans lesquelles la liberté individuelle elle-même serait inutile ou insuffisante. Telle est, par exemple, l'instruction publique. Tels sont les travaux publics. Telle est l'assistance publique, dont nous avons maintenant à parler. Nous n'avons pas besoin de soulever ici la question de savoir si le citoyen qui ne peut travailler, ou manque de travail, a *droit à l'assistance publique ;* nous nous bornerons à constater le devoir qu'a la société de soulager la misère, qui n'est pas seulement un mal pour ceux qui la subissent, mais un danger pour tous (*malesuada fames*). C'est sans doute aux particuliers et à leurs libres associations, beaucoup plus qu'à l'État ou même à la commune, qu'il appar-

tient de la soulager ou mieux encore de la prévenir
par toutes les institutions que la science et l'expérience
recommandent, et l'intervention de l'État ou de la
commune en cette matière n'a que trop souvent pour
effet de paralyser les efforts individuels et d'aggraver le
mal auquel il s'agit de porter remède; mais comme
toute la bonne volonté des individus et de toutes leurs
associations privées ne sauraient suffire à remédier entièrement au mal, surtout dans les temps de crise, et que
sur ce point, d'ailleurs, comme partout, dans les conditions actuelles de la société, les grands établissements,
les établissement modèles ne peuvent guère être sou-
tenus que par la société civile (commune ou État), il faut
bien recourir ici à la puissance publique. Comment la
république resterait-elle indifférente et inactive en présence des misères qui frappent une partie de ses membres : l'indigence, les maladies et les infirmités, l'aban-
don des enfants, etc. ? C'est surtout dans la république
qu'il doit y avoir une charité publique qui supplée à
l'insuffisance de la charité privée. Seulement il faut
que cette charité, pour être vraiment bienfaisante,
procède de telle sorte qu'elle n'entrave pas l'effort
individuel et l'initiative privée, car c'est surtout dans
la république que la maxime : « Aide-toi toi-même»,
doit être la règle fondamentale des citoyens. Il faut
enfin qu'en s'appliquant à soulager le mal partout où
il est nécessaire qu'elle étende la main, la république
s'efforce d'en restreindre toujours davantage le champ
par tous les moyens légitimes et salutaires dont elle

peut disposer. Il ne dépend pas d'elle de le faire disparaître tout d'un coup et tout entier, parce que la liberté de conduite qu'elle doit laisser aux citoyens et les hasards de la vie humaine, qu'elle ne saurait corriger, lui rouvriront toujours la porte ; mais l'extinction de la misère n'en est pas moins un but dont elle doit tendre à se rapprocher de plus en plus.

XIV

L'IMPÔT.

Les obligations que nous avons passées en revue dans tous les chapitres précédents, imposent à l'État ou aux communes, ou aux circonscriptions intermédiaires (cantons, départements), des dépenses auxquelles *l'impôt* a pour but de subvenir.

Deux principes fondamentaux dérivent ici de l'essence même de la république : le premier, c'est que l'impôt, qui, d'ailleurs, dans cette forme de gouvernement, doit nécessairement être voté par le peuple ou par ses représentants, soit exactement mesuré sur l'utilité publique ; le second, c'est que chaque citoyen y contribue en proportion de ses ressources, c'est-à-dire de sa fortune réelle.

Les monarchies, de l'ancien et du nouveau régime (la monarchie napoléonienne par exemple), ont foulé aux pieds le premier de ces principes en se servant de

l'impôt, qu'elles arrachaient au peuple, pour entretenir
le luxe d'une cour, satisfaire les caprices du souverain,
distribuer des faveurs, payer de gros traitements; et
elles n'ont pas moins outragé le second, soit en exemp-
tant de l'impôt ceux qui auraient dû surtout le payer,
soit au moins en le répartissant de telle sorte que le
principal poids en retombât sur les plus pauvres.

Une république digne de ce nom, n'ayant d'autre
règle que l'utilité publique et bornant ses dépenses au
strict nécessaire, se montrera aussi économe des deniers
publics que les monarchies en ont été prodigues. Elle
s'appliquera à être, à l'inverse des monarchies, un gouvernement à bon marché. Elle sait que l'impôt est toujours une chose lourde aux contribuables, et elle s'ef-
forcera, sans manquer à aucune de ses obligations,
de les en charger le moins possible. Elle supprimera
donc les dépenses superflues, les sinécures, les gros
traitements, tout cet attirail des monarchies qu'exclut
le système républicain.

D'un autre côté, — c'est surtout sur ce point que
nous avons à insister dans ce chapitre, — elle se con-
formera rigoureusement à ce principe de justice qui
veut que chaque citoyen ne contribue aux charges
publiques qu'en proportion de ses moyens. Elle écartera donc les impôts qui frappent les objets de première nécessité (sel, sucre, boissons, etc.), parce que
ces impôts ont pour effet de rendre plus onéreux les
moyens d'existence et qu'ils pèsent ainsi plus lourdement sur les citoyens pauvres ou peu aisés que sur

les riches. Elle écartera, par la même raison, les impôts
qui frappent les matières premières (coton, laine, etc.):
ces impôts, en augmentant le prix de la production,
augmentent d'autant celui de la consommation, et ils
ont, par conséquent, le même effet que les précédents.
Ce sont d'ailleurs, en général, des taxes tout à fait contraires aux lois économiques que celles qui frappent
la production et la consommation, car elles entravent
dans leur source et dans leur développement l'industrie (y compris l'agriculture) et le commerce, ces deux
grandes artères du travail et de la richesse.

C'est pourquoi aussi la république recourra le moins
possible aux impôts somptuaires, quoiqu'ils paraissent
plus justes et plus conformes aux traditions républicaines. Il faut laisser dormir dans la poudre des an-
ciennes républiques les lois qui ne répondent plus aux
conditions de la société moderne. Celle-ci, même en
devenant républicaine, fera bien de se montrer sobre
à l'égard de cette sorte d'impôts.

Quel est donc l'impôt le plus conforme à la fois au
grand principe que nous venons de rappeler et à l'économie sociale? C'est celui qui porte sur le *revenu*, parce que c'est le revenu qui constitue et mesure la fortune
réelle du citoyen. La propriété elle-même, foncière ou
mobilière, n'est rien en dehors de ce qu'elle produit
ou rapporte, c'est-à-dire de son revenu. Le produit
ou la rente qu'on en tire, le bénéfice que procure une
industrie ou un commerce, le traitement qu'assure
une place, une fonction, publique ou privée, ces reve-

nus sont les ressources effectives des contribuables;
c'est là-dessus que doit porter l'impôt, si l'on veut lui
donner une assiette vraiment équitable. Que chacun
contribue aux charges publiques en proportion de ses
ressources, la justice sera pleinement satisfaite, et l'intérêt économique de la société aura moins à en souffrir
que de tout autre impôt.

On objecte contre cet impôt l'impossibilité de l'appliquer sans tomber dans l'arbitraire ou même sans recourir à une inquisition intolérable. Cette objection
est résolue par le fait, puisque l'impôt sur le revenu
est en vigueur dans plusieurs pays libres, en Angleterre,
en Suisse, en Amérique, etc., et que dans tous ces pays
il fonctionne sans produire les inconvénients que l'on
signale. Le moyen de le soustraire à la fois à l'arbitraire et à l'inquisition que l'on redoute, c'est de laisser aux contribuables le soin de déclarer eux-mêmes
leurs revenus. On craint les déclarations mensongères?
Frappez de peines sévères toutes celles qui seront
découvertes, et le nombre n'en sera pas si grand. Il faut
bien admettre d'ailleurs que dans une république, c'est-
à-dire dans un gouvernement que les citoyens ne peuvent plus regarder comme leur ennemi, puisque ce
gouvernement c'est eux-mêmes, ils ne se feront pas de
leur parole un moyen de fraude; la confiance même
que la loi leur accordera servira à développer en eux
l'habitude de la bonne foi.

A vrai dire, il n'y a pas d'impôt qui n'engendre des
abus. Mais on en pourrait dire autant de toutes les

institutions humaines, même des meilleures. Ce qui
est certain, c'est qu'il n'y a pas d'impôt plus conforme
aux principes de l'équité et de l'économie sociale que
l'impôt sur le revenu. C'est l'impôt démocratique par
excellence. C'est celui que les républiques doivent substituer à tous ceux qu'   óés le génie fiscal des monarchies.

TROISIÈME PARTIE

LES MŒURS RÉPUBLICAINES.

Les institutions républicaines, pour se fonder et du-
rer, supposent des mœurs républicaines. Elles portent
sans doute en elles-mêmes une vertu moralisatrice :
tandis que le despotisme est essentiellement corrup-
teur, elles ont naturellement pour effet d'élever et
d'ennoblir les âmes; mais au moins faut-il que celles-
ci les secondent et à leur tour les soutiennent. Autrement elles n'arriveraient même pas à se faire accepter, ou elles ne seraient bientôt plus qu'une lettre
morte. Voyons donc, pour compléter notre analyse
des éléments constitutifs de la république, quelles
sont les mœurs qui doivent répondre à ses institutions
et leur donner la vie. Déjà, en exposant les principes
fondamentaux de la république, nous avons montré
comment il est vrai de dire avec Montesquieu que la

vertu est le fondement de cette forme de gouvernement. C'est cette pensée qu'il s'agit de reprendre par le
détail en analysant les mœurs qu'appelle la république.

I

LA DIGNITÉ PERSONNELLE.

Le premier point est de respecter en soi-même la
dignité humaine. Celui qui s'enveloppe de cette vertu
est à l'abri de tous les vices sur lesquels s'appuie le
despotisme et qui corrompent les républiques où ils se
glissent. Il ne courbe point l'échine devant le pouvoir
qui distribue les places et les honneurs, et ne veut rien
devoir à la faveur, mais tout à son travail et à son mérite. Il ne *sollicite* jamais, suivant une expression consa-
crée dans la langue monarchique, mais qui doit disparaître de la langue républicaine; et même pour obtenir
ce qu'il a conscience d'avoir mérité, il ne se fait le
courtisan de personne. Ce n'est pas en lui qu'on trouvera jamais, soit dans la monarchie, l'étoffe d'un courtisan, soit dans la république, celle d'un flatteur du
peuple. Le servilisme, ou, ce qui est au fond le même
vice, la flatterie démagogique, lui est en horreur : il a
l'âme trop fière pour y descendre, et il sait bien que,
selon une énergique parole de Kant qu'on ne saurait
trop répéter (1), « celui qui se fait ver n'a plus le

(1) *Doctrine de la vertu*, page 101 de ma traduction.

droit de se plaindre d'être écrasé. » Il n'a pas une
moindre répugnance pour le mensonge, qui est aussi
une dégradation; et, repoussant tout masque, il veut
être vrai en toutes choses. Vous pouvez donc vous
fier à sa parole; c'est celle d'un homme. Le même
respect de la dignité humaine inspirera à ceux qui en
seront pénétrés l'horreur de l'ivrognerie et de tous les
vices qui ravalent l'homme au rang de la brute et
souillent, hélas! sur une si large échelle nos sociétés
démocratiques. La sobriété, comme la sincérité, comme
cette fierté d'âme qui chasse tout esprit de courtisane-
rie, doit être l'accompagnement et le soutien des républiques. Nous ne demandons pas aux républicains de
retourner au brouet noir des Spartiates, mais de rejeter
loin d'eux tout ce qui dégrade la personne humaine, tout
ce qui tue l'amour du travail, tout ce qui étouffe en nous
le sentiment de notre responsabilité et de nos devoirs.

Ce sentiment est la condition vitale de tout système
républicain. Non seulement il ne faut pas en étouffer
le germe, mais il faut le développer dans toute sa plé-
nitude, si l'on veut faire des hommes capables de vivre
en république. C'est de là que naît ce respect de la dignité humaine dont nous venons de relever l'importance. C'est par là que les citoyens apprendront à
s'aider eux-mêmes, au lieu de compter sur le secours
d'autrui et de tout attendre de l'État. Ainsi se formera
l'habitude de l'effort personnel et de l'initiative privée,
si rare chez les peuples que le despotisme a tenus en
tutelle, mais si nécessaire dans les républiques.

II

LE CULTE DE LA FAMILLE.

La famille est la première et la plus naturelle de toutes les associations humaines. Elle est le noyau originaire de la société et la base même des États. Là où elle est en honneur, où ses lois sont respectées, elle est un solide fondement de la cité; le mépris de la famille et de ses devoirs est au contraire le signe certain de la décadence d'un peuple. Qu'attendre en effet d'une société qui traiterait légèrement la chasteté des femmes, les liens du mariage, l'éducation des enfants, le respect des parents, l'affection réciproque des frères ? Elle serait nécessairement vouée à la ruine. La corruption de la famille ne peut manquer d'avoir pour effet celle de l'État, car elle ouvre la porte à toutes les autres. Que le despotisme s'en accommode et même l'encourage, cela est dans sa nature même, puisque le caractère du despotisme, suivant la saisissante image de Montesquieu, est de jeter l'arbre par terre pour en cueillir les fruits; mais la république doit laisser l'arbre debout et l'entourer de tous ses soins. Sans doute il y a une certaine préoccupation étroite des intérêts de famille qui est un obstacle à l'indépendance du citoyen et à l'accomplissement de ses devoirs publics; mais, bien comprises, les vertus

familiales sont elles-mêmes l'aliment des vertus civiques, et, loin de nuire aux intérêts généraux de la république, elles concourent à sa prospérité. Ceux-là
donc commettent une profonde erreur qui croient for-
tifier l'État en ruinant la famille. Comme Aristote
l'objectait justement à Platon, ils noient dans l'océan
la goutte de miel que la nature a déposée en chacun de
nous. Voulez-vous être un bon citoyen, soyez d'abord
bon fils, bon époux, bon père, bon frère ; vous rempli-
rez ainsi vos premiers devoirs, et la république s'en
trouvera bien. Le culte de la famille est une des conditions de son salut.

III

L'AMOUR DE LA LIBERTÉ.

La république suppose dans les citoyens l'amour de
la liberté. Sans cet amour, ils feraient bon marché
d'une forme de gouvernement qui leur impose une
tâche glorieuse sans doute, mais pénible, celle de se
gouverner eux-mêmes, et ils se laisseraient aller volontiers au despotisme, qui les débarrasse de ce souci.
Aussi l'amour de la liberté a-t-il été considéré de tout
temps comme l'une des qualités essentielles du républicain. Mais il faut que cet amour soit éclairé par
une idée exacte de la liberté.

La liberté n'est pas la *licence :* celle-ci n'est pas

6.

seulement l'abus de celle-là, elle en est la négation. Celui qui s'imaginerait que sa liberté consiste à faire tout ce qui lui plaît sans souci de celle des autres, ne serait pas l'ami, mais l'ennemi de la liberté : il la ruinerait dans son principe. La liberté ne va pas sans une règle qui en restreint pour chacun l'exercice au respect de celle des autres. Aussi est-elle identique à l'ordre véritable.

Il suit aussi de la juste idée de la liberté qu'elle n'a non plus rien de commun avec le fanatisme de ceux qui n'admettent pas qu'on puisse penser autrement qu'eux en matière de religion, de philosophie ou de politique, et qui voudraient imposer aux autres leurs idées. Le fanatisme des sectaires de telle ou telle doctrine philosophique ou politique n'est pas moins révoltant que le fanatisme religieux; peut-être même l'est-il davantage, car il transporte dans le champ de la libre pensée les procédés de ceux qui ne songent qu'à l'étouffer. Le vrai amour de la liberté repousse le fanatisme, de quelque côté qu'il vienne. Celui qui le possède reconnaît à chacun le même droit de penser qu'il s'attribue à lui-même, et ne se montre intolérant qu'à l'égard de l'intolérance, qui supprime le droit. Il sait d'ailleurs que, si l'esprit humain est un, il est divers aussi, que ce serait folie de vouloir mettre toutes les têtes sous un même bonnet, et que la diversité même des manifestations de la pensée est une des conditions de la recherche de la vérité.

En tout, la liberté, c'est-à-dire le libre épanouissement de toutes les facultés, le libre exercice de toutes les activités, le libre développement de toutes les ressources, est, en même temps que le droit de chacun, le meilleur instrument du bien commun. Les libertés publiques ne sont que la consécration et la garantie de cette liberté-là. C'est celle-là qu'il faut aimer, c'est celle-là qu'il faut revendiquer et défendre contre les usurpations du pouvoir, quel qu'il soit; c'est celle-là que tout vrai ami du gouvernement républicain doit savoir pratiquer pour son propre compte et respecter chez les autres. Il n'y a pas de république digne de ce nom et durable sans les mœurs de la liberté.

IV

L'AMOUR DE L'ÉGALITÉ.

L'amour de l'égalité n'est pas moins essentiel dans une république que celui de la liberté. L'égalité a beau être inscrite, à côté de la liberté, dans la constitution d'un pays, ce pays ne sera pas vraiment républicain si elle n'est pas aussi dans le cœur et dans les mœurs des citoyens, si les uns cherchent à se distinguer des autres par des titres et des décorations, s'ils affectent des airs de supériorité blessants pour ceux que la nature ou la fortune n'ont pas aussi bien dotés, s'ils étalent un luxe écrasant, si enfin, au lieu de chercher

à faire oublier la distance sociale qui peut exister entre
eux et leurs concitoyens, ils l'accusent insolemment.
Cette vanité est tout l'opposé de l'amour de l'égalité,
par conséquent de l'esprit républicain. D'un autre côté,
cet amour n'est pas celui d'un nivellement brutal qui
égaliserait toutes les conditions, effacerait toutes les
différences et confondrait toute la société dans un même
néant. Il accepte les distinctions qu'on ne pourrait supprimer sans attenter à la liberté, et il n'exclut ni la re-
connaissance due aux services éclatants, ni le respect
du talent bien employé. L'amour de l'égalité n'est pas
la haine de toute supériorité. S'il chasse la vanité, il
ne repousse pas moins l'*envie*, cette plaie des démo-
craties qui appelle aussi le despotisme. Le malheur
est que le premier de ces vices, en se produisant chez
les uns, excite ou envenime le second chez les autres.
Voulons-nous prévenir les explosions de l'envie, gardons-
nous des étalages de la vanité, et donnons à nos mœurs
le cachet du véritable amour de l'égalité.

V

L'HUMANITÉ.

C'est beaucoup d'aimer la liberté et l'égalité : il n'y
a point de république là où ce double amour ne do-
mine pas dans l'âme des citoyens, et c'est ici la première source d'où jaillit la vie républicaine; mais cela ne

suffit pas encore. La liberté et l'égalité ne font, comme
nous l'avons dit dans la première partie de cette étude
(voyez plus haut p. 6), qu'exprimer le droit, le droit
absolu, le droit strict; mais celui qui se bornerait à
respecter ce droit chez les autres, s'y attachât-il avec
amour, n'établirait pas encore entre eux et lui ce lien
plus intime qui doit resserrer l'union des *citoyens* par
l'amour des *hommes* et consommerainsi l'harmonie de la
république. Ce sentiment qu'on nomme d'un seul mot,
si heureux, l'*humanité*, est le complément nécessaire des
vertus civiques. Il inspirera aux citoyens favorisés de
la fortune une sympathie active pour ceux qu'elle a
déshérités, apaisera les haines qui transforment en
ennemis des concitoyens de conditions diverses faits
pour s'aimer et s'entr'aider, et concourra à dissiper un
antagonisme qui trouble la société et menace l'existence
même de la république. Citoyens, soyez *humains* les
uns à l'égard des autres ; la pratique de cette simple
maxime aplanira bien des difficultés, et, beaucoup
mieux que la force armée, assurera la paix sociale.
Elle doit être la vertu républicaine par excellence.

VI

LE RESPECT DE LA LOI.

La loi, qui est, dans le système monarchique, l'expression de la volonté d'un individu, et, dans le système

aristocratique, celle de la volonté d'une caste, est, dans
le système républicain, l'expression de la volonté générale, de la volonté du peuple entier, statuant, soit
directement, soit par l'intermédiaire de ses représentants, sur le droit commun ou l'utilité publique. Elle
a droit au respect et à l'obéissance de tous les citoyens
par cela seul qu'elle émane, non plus d'une volonté
autocratique ou oligarchique, mais de la volonté générale, exprimée par le suffrage universel. A la vérité cette
volonté générale n'est le plus souvent en fait que celle
de la majorité des citoyens (1), car il est bien difficile qu'un accord absolu s'établisse entre tant d'esprits
divers, sur des matières aussi délicates que celles qui
font l'objet des lois; il se peut même qu'elle s'égare,
car elle n'est pas infaillible; mais le devoir de tout
citoyen n'en est pas moins d'obéir en tout cas à la loi
qu'elle décrète, sauf à travailler par les moyens légaux
à la changer, parce que cette soumission à la volonté
de la majorité est la condition même de la république,
et que, sans elle, celle-ci tomberait dans l'anarchie.
Nous ne demandons pas aux citoyens d'aimer la loi,
comme nous leur demandons d'aimer la liberté, l'égalité, la fraternité, car nous savons que, même dans la
meilleure république, la loi n'est pas constamment la
traduction exacte de ces grands principes et qu'elle
n'est pas toujours faite pour être aimée; mais nous
leur demandons de la respecter, quelle qu'elle soit, dès

(1) Voyez plus haut, page 13.

qu'elle existe et tant qu'elle subsiste, ce qui n'en interdit nullement la critique et la réforme, mais ce qui exclut la désobéissance et le recours à la force. La désobéissance et le recours à la force peuvent être un droit et même un devoir en face de la tyrannie d'un souverain ou d'une faction; ils sont un crime dans un État républicain. Le respect de la loi est la sauvegarde des républiques; il est donc aussi un des éléments essentiels de la vertu républicaine. Il faut que les citoyens s'en fassent une habitude. Cela est d'autant plus nécessaire dans les républiques, qu'ils y jouissent d'une plus grande liberté et que cette liberté dégénérerait trop aisément en licence, s'ils ne s'imposaient ce frein à eux-mêmes.

VII

LE DÉVOUEMENT A LA CHOSE PUBLIQUE.

Le despotisme développe l'égoïsme et refoule l'esprit public. Lorsque l'État est entre les mains d'un homme qui en dispose à son gré et ne laisse à ses sujets d'autre rôle que celui d'obéir et de servir, quel intérêt ceux-ci peuvent-ils prendre à la chose publique? Il ne leur reste qu'à chercher dans la jouissance personnelle un dédommagement à leur servitude. Ils s'arrangent pour satisfaire leurs appétits le plus largement possible et par tous les moyens, jusqu'au terrible lendemain que

le césarisme ne manque jamais d'amener, mais auquel
ils ne songent guère. La république, au contraire, qui
est, comme son nom même l'indique, le gouvernement
de la chose publique par les citoyens eux-mêmes, en
les appelant tous à prendre part à ce gouvernement,
développe en eux par là même l'esprit public et refoule l'égoïsme. Mais c'est ici le cas de répéter ce que
nous avons dit précédemment d'une manière générale:
il faut qu'à leur tour les mœurs lui viennent en aide.
Il faut que les citoyens s'accoutument à subordonner
et à sacrifier au besoin leurs intérêts personnels aux
intérêts publics; il faut qu'ils se rendent capables de
désintéressement et de dévouement. S'ils se montraient
avides de places, s'ils ne voyaient dans les fonctions
où ils peuvent être appelés qu'un moyen de fortune,
s'ils ne savaient comprimer leur esprit de personnalité
et dominer leur ambition, si, en un mot, ils avaient plutôt en vue dans tous leurs actes leur chose propre que
la chose publique, la république serait perdue. Aussi
est-ce une grande erreur aux partisans du régime républicain de présenter le principe de l'intérêt personnel
comme la base de la morale; c'est nier l'essence même
de la vertu républicaine, comme de toute vertu en général. Sans doute le gouvernement républicain est de
tous celui qui, bien organisé et bien dirigé, est en
somme le plus favorable aux intérêts particuliers de
chacun, et il est parfaitement légitime d'en faire ressortir ce côté; mais il faut aussi parler aux citoyens
un autre langage que celui de l'intérêt personnel, il

faut faire comprendre et pratiquer la vertu de l'abné-
gation et du sacrifice patriotiques, le dévouement à la
chose publique, si l'on veut élever leurs âmes à la hauteur des institutions républicaines et donner à ces
institutions un inébranlable appui. Sans cette vertu,
la république sera la proie de toutes les convoitises et
de toutes les ambitions intestines, et les plus solides
remparts ne la protégeront pas contre les conquérants
du dehors.

APPENDICE.

I

On a pu remarquer que, dans tout le cours de ce travail, nous n'avons pas employé une seule fois le mot *socialisme*. C'est que ce mot est un terme équivoque, qui ne présente à l'esprit aucune idée claire et nette, et qui même sert à désigner souvent des doctrines extravagantes, en tout cas les systèmes les plus contradictoires. Mais, si nous n'aimons pas à nous servir de cette expression mal définie et mal comprise, nous n'oublions pas les questions auxquelles elle s'applique et qui lui ont donné naissance, ce qu'on appelle d'un titre qui a lui-même le défaut d'être vague : *la question sociale*. Améliorer le sort de ceux qui n'ont d'autre ressource que le travail de leurs mains ou à qui manque cette ressource même, des travailleurs et des indigents ; faire par là que les ouvriers et les patrons, les pauvres et les riches, ne forment plus dans la société, comme il n'arrive que trop aujourd'hui, deux classes ennemies, et substituer à cet antagonisme, qui menace incessamment la paix publique, une union qui l'assure : tel est le problème que l'on désigne sous ce titre. C'est là la question qui s'impose surtout à notre siècle, et que la société moderne est tenue de résoudre, dans la mesure où il est possible de la résoudre, si elle ne veut sombrer sur ces écueils : la démagogie et le césarisme. Malheureusement, beaucoup de ceux qui ont jusqu'ici agité ce problème, en ont cherché la solution en dehors des lois de la nature humaine et des données de la science, et ils se sont égarés en de pures rêveries, innocentes ou funestes. Ils en ont été, en quelque sorte, les *alchimistes*. Beaucoup aussi, il est vrai, l'ont abordé par des voies plus conformes à la nature et à la science ; mais ils n'ont point vu que la question n'est pas simple, mais complexe, et, ne l'envisageant que par un côté, ils n'ont abouti qu'à des solutions partielles et insuffisantes. De là l'obscurité et l'incertitude qui règnent encore en cette matière. Sans prétendre traiter ici en quelques lignes un si grand problème, nous voudrions contribuer à dissiper cette obscurité et cette incertitude, en faisant ressortir les différentes faces de la question, et par là les divers éléments qui doivent concourir à la résoudre.

La question que l'on appelle *sociale* est sans doute une question *économique*, mais c'est en même temps une question *politique* et *morale*, et telle est la connexité de

ces trois éléments, qu'il est impossible de tirer de cha·
cun d'eux une solution satisfaisante sans recourir aux
deux autres.

La question est économique. Les moyens à employer
pour élever le salaire, trop souvent insuffisant, des ouvriers, ou pour abaisser le prix des objets nécessaires à
leur existence, pour prévenir les effets de ces trois
fléaux qui pèsent si lourdement sur eux : le chômage,
la maladie, la vieillesse, pour transformer même tout
à fait leur condition en les rendant indépendants du
patronat ; par exemple, les associations ayant pour but
d'obtenir une plus équitable rémunération du travail,
le libre échange, les sociétés de secours mutuels, les
sociétés coopératives de crédit, de production, de con·
sommation, etc. ; tous ces moyens sont d'ordre économique. C'est la science qui les fournit ou les éclaire, et,
sans eux, sans une réelle concordance entre ces moyens
et les lois de cette science, c'est-à-dire les lois de la
nature même des choses, aucun résultat un peu général
ne peut être obtenu.

Mais, pour que ces moyens, même judicieusement
employés, ne manquent pas leur but, et pour qu'ils
puissent développer toute leur puissance, il faut que le
gouvernement, d'une part, n'aggrave pas la situation
des ouvriers par un inique système d'impôts, et, en général, par une mauvaise administration, et que, d'autre part, il favorise, loin de l'entraver, la liberté des
citoyens. Ajoutons qu'il doit aussi concourir directe-
mentà soulager la misère et à en restreindre le champ,

7.

en suppléant, par des institutions publiques, à l'insuffisance de l'initiative privée (Voy. plus haut, p. 94). La
question est donc politique par ce côté. Aussi ceux-là
se sont-ils gravement trompés, qui ont cru servir la
cause économique ou avancer la question sociale, en
prêchant l'indifférence en matière politique. Non, la
nature du gouvernement n'est pas une chose à laquelle
puissent demeurer indifférents ceux qui ont à cœur
l'amélioration du sort de la classe ouvrière. Le césarisme
n'est pas moins fatal aux intérêts des travailleurs qu'aux
libertés des citoyens. La république étant, au contraire,
un gouvernement dont la mission même est de remplir les trois conditions que nous venons d'indiquer,
est par là celui qui convient le mieux à la réforme
sociale, comme à toutes les autres. D'un autre côté,
cependant, ce n'est pas une moins grave erreur de
croire, avec une certaine école socialiste, qu'il est au
pouvoir du gouvernement républicain de résoudre,
comme on dit, la question sociale par voie d'autorité.
La suppression de la misère et l'amélioration du sort
des ouvriers ne dépendent pas seulement de l'État, quel
qu'il soit, mais aussi et surtout du jeu des institutions
économiques, créées et dirigées en vue de ce résultat par
la libre initiative des individus.

Ce n'est pas tout encore. Ces institutions privées,
même avec l'appui du meilleur gouvernement, ne se
produiraient pas ou seraient insuffisantes si les mœurs
ne leur venaient en aide. Supposez, chez les patrons,
une profonde indifférence à l'égard des ouvriers et un

égoïsme intraitable; chez les ouvriers, la paresse, la
débauche, ou seulement l'imprévoyance; les plus belles
théories économiques et politiques du monde n'arrive-
ront à rien. Supposez, au contraire, du côté des premiers, la bonne volonté qui vient du cœur ; du côté des
seconds, l'habitude du travail, de l'ordre, de l'épargne;
chez les uns et les autres, l'énergie individuelle et le sentiment de la solidarité ; la solution de la question n'est-
elle pas par là singulièrement facilitée? Cette question est
donc aussi une question morale. L'élément moral ne
dispense pas sans doute de l'élément économique et de
l'élément politique, mais sans lui les deux autres resteraient impuissants.

On voit donc combien il importe de tenir compte à
la fois de ces trois éléments dans la recherche des
moyens de résoudre le problème qui se dresse devant
nous.

Il ne faut pas oublier, d'ailleurs, que la solution pratique de ce problème est un idéal que l'imperfection
originaire de notre nature, par conséquent, des sociétés
humaines, et les inévitables hasards de la vie ne per-
mettent pas de réaliser absolument. Le devoir de la société n'en est pas moins de le poursuivre et de travailler
à s'en rapprocher de plus en plus, mais ce serait rêver
que d'en attendre jamais autre chose qu'une solution
approximative.

II

LE DROIT INTERNATIONAL. LA GUERRE ET LA PAIX.

Si dans chaque peuple l'union n'est pas aussi complète que possible entre les citoyens, si même parfois leurs discordances politiques ou sociales éclatent en guerre civile, leur état ordinaire n'en est pas moins un état légal, juridique, où leurs rapports sont réglés par des lois, leurs différends jugés par des tribunaux. Il n'en est malheureusement pas ainsi des relations des peuples. Il n'existe pas encore entre eux un droit analogue à celui qui règne en chacun d'eux : un droit *international ;* ce n'est pas le droit, mais la force qui est appelée à décider leurs différends ; leur état réciproque est toujours l'état de guerre, c'est-à-dire la barbarie. Quoi de plus désastreux, même pendant ces trèves qu'on appelle la paix, que ce régime qui les condamne à entretenir des armées formidables ? quoi de plus désastreux à la fois et de plus odieux que ces luttes acharnées, qui détruisent ou mutilent tant de jeunes hommes, promènent l'incendie et le ravage dans les villages et les villes, font couler tant de larmes avec tant de sang, tout cela pour aboutir à un traité qui, quelque avantageux qu'il paraisse pour le vainqueur, ne lui est pas d'ordinaire moins funeste qu'au vaincu ? N'est-ce pas là, malgré le beau nom de civilisation dont se parent

les peuples modernes, une véritable barbarie? Et, si le
progrès de l'humanité n'est pas une pure illusion, est-il
déraisonnable d'espérer que cet état de choses si révoltant finira par faire place à un autre, qui, sans détruire
l'indépendance de chaque peuple, les unira tous par
un lien juridique et fera régler leurs différends par un
commun tribunal? N'est-ce pas, au contraire, le devoir
de tous les amis de l'humanité de travailler à opérer
cette transformation? Ce devoir n'exclut pas le patrio-
tisme, car il ne s'agit pas de supprimer les nations,
mais de les unir, et il peut parfaitement s'allier avec le
courage et l'héroïsme guerriers, aussi longtemps que
ces vertus resteront nécessaires; mais il répond à une idée
qui ne saurait être chimérique, car c'est la raison et
l'humanité elles-mêmes qui nous la dictent. Cette idée
n'est sans doute pas près de se réaliser (la dernière
guerre, qui a été le triomphe du *droit de conquête,*
en a plus que jamais éloigné l'Europe); peut-être même
n'est-elle aussi qu'un idéal, qui, à ce titre, ne sera jamais entièrement réalisé; mais, dans ce cas, il en faudrait dire ce que nous disions plus haut, et ce qui s'applique à tout véritable idéal : c'est un devoir, si l'on ne
peut l'atteindre absolument, de travailler à s'en rapprocher toujours davantage (1).

(1) Pour le développement de ces idées, voyez les deux dernières
leçons de mon cours *La morale dans la démocratie,* p. 218-258.

FIN.

TABLE DES MATIÈRES.

TROISIÈME PARTIE.

FIN DE LA TABLE DES MATIÈRES.

PARIS. — IMPRIMERIE DE E. MARTINET, RUE MIGNON, 2.

www.ingramcontent.com/pod-product-compliance
Lightning Source LLC
Chambersburg PA
CBHW071823090426
42737CB00012B/2171